거의 모든 **행동**
표현의 일본어

콘텐츠 기획 서영조

한국외국어대학교 영어과, 동국대학교 대학원 연극영화과를 졸업했다. 영어 교재 출판 분야에서
유익한 영어 학습 콘텐츠를 개발해 왔고, 전문 번역가로서 영어권 도서들과 부산국제영화제를 비롯한
여러 영화제 출품작들을 번역하고 있다. 저서로《거의 모든 행동 표현의 영어》,《여행영어의 결정적
패턴들》,《영어 회화의 결정적 단어들》,《영어 문장의 결정적 패턴들》등이 있다.

일본어 집필 TJL 콘텐츠 연구소

일본어(The Japanese Language) 학습자들에게 도움이 되는 콘텐츠를 만들고자 연구하는 연구자 모임이다.
일본어를 처음 배우는 초급자부터 원어민 못지 않은 고급 학습자를 아우르는 콘텐츠를 기획하고 있다.

일본어 감수 고가 사토시(古賀 聡)

일본 주오대학교 철학과를 졸업하고 연세대학교 대학원에서 국어국문학과 박사 과정을 수료했다.
EBS 교육방송 〈초급일본어회화〉를 진행했으며, 현재 한일번역가, 일본어 내레이터로 활동 중이다.

거의 모든 행동 표현의 일본어

지은이 서영조, TJL 콘텐츠 연구소
초판 1쇄 발행 2022년 7월 1일
초판 5쇄 발행 2024년 11월 7일

발행인 박효상   **편집장** 김현   **기획 · 편집** 장경희, 이한경   **디자인** 임정현
마케팅 이태호, 이전희   **관리** 김태옥

본문 · 표지디자인 고희선   **편집 진행** 김진아   **일본어 감수** 古賀 聡

종이 월드페이퍼   **인쇄 · 제본** 예림인쇄 · 바인딩

출판등록 제10-1835호   **발행처** 사람in   **주소** 04034 서울시 마포구 양화로 11길 14-10 (서교동) 3F
전화 02) 338-3555(代)   **팩스** 02) 338-3545   **E-mail** saramin@netsgo.com
Website www.saramin.com

ISBN
978-89-6049-958-4 14730
978-89-6049-936-2 세트

우아한 지적만보, 기민한 실사구시 사람in

거의 모든 행동 표현의 일본어

이런 행동은
일본어로
뭐라고
하지?

궁금증이
시원하게
풀립니다!

스쿼트를 하다
**スクワットを
する**

커피를
내리다
コーヒーを
い
淹れる

옷을 수선하다
ふく　　つくろ
服を繕う

채소를
따다, 뜯다
や　さい
野菜を
しゅう　かく
収穫する

시선
[눈길]을
돌리다
め
目を
そ
ら
す

유튜브
영상을
보다

후진하다
バック
する

밀당하다,
튕기다
か　　ひ
駆け引き
をする

ユーチューブ
YouTubeの
どう　が　　み
動画を見る

フォーアクション

서영조 • TJL 콘텐츠 연구소 지음 ｜ 古賀 聡(고가 사토시) 감수

사람in

이런 행동은 일본어로 어떻게 표현할까?

외국어 어휘 학습의 첫 단계는 명사 위주의 단어로 시작하여 '팔을 뻗다'처럼 동사구로 확장되어 갑니다. 단순한 단어는 비교적 쉽게 알지만 동사구로 확장되는 표현은 오랫동안 외국어를 공부한 성인들도 잘 알지 못하는 경우가 꽤 있죠. 일본어 좀 공부했다고 하는 성인들에게 '코를 후비다', '팔을 뻗다'를 일본어로 어떻게 표현하는지 물으면 얼른 대답하지 못할 것입니다. 어려운 일본어 단어들은 많이 아는데, 정작 일상의 행동들은 쉬운 것도 일본어로 잘 표현하지 못하는 경우가 많습니다.

이 책은 바로 그런 일상의 행동들을 일본어로 어떻게 표현하는지 알려 주는 책입니다. 그런데 '일본어 행동 표현들을 따로 배워야 하나?' 하고 생각하는 분들이 계실지도 모릅니다. 그 의문에 바로 답하자면 '그렇습니다.'입니다. 행동 표현들은 일본어 회화, 즉 일본어로 하는 대화의 많은 부분을 차지합니다. 우리가 같은 한국인들끼리 어떤 대화를 주고받는지 생각해 보세요. 아침에 출근해서는 어제 잠이 안 와 뒤척였다거나, 지하철을 놓쳤다거나 하는 말을 합니다. 주말에 뭐 했느냐는 대화를 하면서는 넷플릭스로 영화를 봤다거나, 캠핑을 다녀왔다거나 하는 얘기를 나누죠. 친구의 전화를 받으면서는 지금 빨래를 널고 있었다거나, TV를 보며 저녁을 먹고 있었다고 말합니다. 모두 행동을 표현하는 말들입니다.

대화하는 동료나 친구가 일본인이어도 마찬가지입니다. 하는 말이 한국어에서 일본어로 바뀔 뿐 내용은 크게 다르지 않습니다. 그러니 일본어 회화를 잘하려면 우리가 하는 행동을 일본어로 자유롭게 표현할 수 있어야 합니다. 이 책은 그런 일본어 행동 표현들을 한데 모아 두어 여러분에게 지름길을 제시하는 책입니다.

사람들은 자신에게 친근한 것을 기반으로 학습할 때 새로운 내용을 쉽게 받아들이고 그다음 단계로 나아갈 수 있습니다. 일본어 단어를 학습할 때는 자기 주변의 일상적인 단어들부터 점차 고급 어휘로 범위를 넓혀 갑니다. 일본어 회화도 자신에게 익숙하고 친근한 내용부터 시작해서 점차 추상적인 내용으로 나아가야 합니다. 평생 한 번 쓸까 말까 한 내용은 나중으로 미루고, 피부에 와 닿는 익숙하고 일상적인 '행동'들을 일본어로 표현하는 것부터 시작하는 게 바람직합니다.

대부분의 사람들이 일본어를 잘하고 싶어 합니다. 일본어를 잘한다는 건 여러 기준이 있을 수 있지만, 가장 기본은 하고 싶은 말을 막히지 않고 잘하는 것일 겁니다. 이 또한 다양한 일본어 행동 표현을 알아야 하는 이유가 됩니다. 내가 했던, 내가 하는, 내가 할 '행동'을 일본어로 명확하게 표현할 수 있다면 한 단계 높은 회화의 세계로 나아갈 기초는 마련된 것입니다.

이런 점들에 입각하여 《거의 모든 행동 표현의 일본어》는 일본어 회화의 기초가 될 수 있는 표현들을 크게 '신체 부위 행동 표현', '일상생활 속 행동 표현', '사회생활 속 행동 표현'으로 나누어 그림과 함께 제시합니다. 친숙한 표현들과 그에 맞는 그림들은 공부한다는 부담 없이 내용을 쉽게 받아들이고 기억하게 해 줄 것입니다. 그림을 넘겨보는 재미에 '아, 이런 행동은 일본어로 이렇게 표현하는구나!' '아, 이런 행동까지 일본어로 표현해 놨네?' 하는 감탄이 더해질 것입니다.

지금까지 끝까지 본 일본어책이 없었다면 이 책을 끝까지 보는 걸 목표로 해 보세요. 하나하나 다 외우겠다는 부담이나 욕심은 버리세요. 이 페이지 저 페이지 관심 가는 곳을 펼쳐 보면서 학습하세요. 궁금한 표현이 있으면 인덱스에서 찾아 보세요. 그렇게 학습하다 보면 어느새 많은 일본어 행동 표현들이 여러분의 것이 되어 있는 걸 발견하실 겁니다.
여러분의 일본어 학습을 응원합니다!

이 책은 총 3부, 17장으로 이루어져 있습니다. PART 1은 우리의 신체 부위를 이용한 행동 표현을, PART 2는 일상생활 속 행동 표현을, PART 3는 사회생활 속 행동 표현을 다루고 있습니다.

이 책은 반드시 처음부터 끝까지 보아야 하는 책은 아닙니다. 물론 앞에서부터 차근차근 학습하는 게 좋은 분들은 그렇게 하셔도 좋습니다. 하지만 그렇게 하지 않아도 됩니다. 목차를 보고 눈길이 가는 부분이나 어떤 내용일지 궁금한 부분을 펼쳐서 먼저 공부하고, 또 다른 궁금한 부분으로 넘어가서 학습하면 됩니다. 그리고 일본어로 궁금한 표현이 있다면 언제든 인덱스에서 찾아보면 되고요.

그리고 이 책에는 가장 일본어다운 표현만 수록하였습니다. 예를 들어 한국어 표현에 '손'이라는 단어가 들어가도, 일본어 표현에서 '손'을 뜻하는 '手'가 들어가지 않을 수 있습니다. 이는 한국어 표현의 의미와 가장 가까운 일본어 표현을 수록하였기 때문입니다. 한국어 표현의 의미를 살려 그와 가장 유사한 일본어 표현을 상황에 맞는 그림과 함께 쉽게 배울 수 있습니다.

첫술에 배부를 수 없다는 건 일본어 공부에서도 절대적인 진리입니다. 이 책은 한 번 읽었다고 끝이 아니라 여러 번 반복해서 읽어야 합니다. 이미 알고 있는 표현이라면 확인만 하고 넘어가고, 모르던 표현일 경우에는 여러 번 반복해 읽어서 자기 것으로 만들어야 합니다. 이때 머릿속으로만 읽지 말고 입으로 소리 내어 읽는 게 훨씬 효과적입니다.

추천하는 학습 방법은 각각의 한글 표현을 읽고 일본어로는 어떻게 말할지 생각해 본 다음 책에 나와 있는 일본어 표현을 확인해 보는 것입니다. 학습이 어느 정도 이루어졌다는 생각이 들면 인덱스에 있는 한글 표현을 보면서 일본어로 말해 보고, 일본어 표현을 보면서 우리말 뜻을 말해 보는 훈련을 하세요. 일본어 행동 표현을 온전히 자기 것으로 만드는 과정이 될 것입니다.

＊ 본 도서는《거의 모든 행동 표현의 영어》책 일본어 버전으로, 원서의 이미지를 그대로 활용하였음을 밝힙니다. 영어 관련 이미지가 많음을 양해해 주시기 바랍니다.

일본어 회화 실력 향상에 꼭 필요한 《거의 모든 행동 표현의 일본어》는 다음과 같이 구성되어 있습니다.

본문의 일본어 표현과 SENTENCES TO USE의 일본어 문장을 원어민이 정확한 발음으로 녹음했습니다.

본문은 우리말-일본어 표현 순으로 제시됩니다. 표현에서 洗濯機を回す[使う]처럼 [ ]가 사용된 경우에는 [ ] 안의 단어를 넣어도 의미가 변하지 않는 걸 의미합니다. 두 표현 모두 차례대로 음원에서 들을 수 있습니다.

洗剤／柔軟剤を入れる처럼 /이 사용된 경우에는 洗剤を入れる, 柔軟剤を入れる처럼 같은 위치의 단어를 해당 단어로 대체하면 다른 의미의 표현이 된다는 뜻입니다.

SENTENCES TO USE는 위에서 배운 표현이 실제 회화 문장에서 쓰이는 예를 보여 줍니다.

어느 정도 학습이 되었다고 판단되면 인덱스의 한글 부분을 보면서 일본어 표현을, 일본어 부분을 보면서 우리말 표현을 말해 보세요. 이렇게 하면 여러분의 어휘 실력이 몰라볼 만큼 성장할 것입니다.

PART 2 일상생활 속 행동 표현

CHAPTER 1 의복 衣服

CHAPTER 2 식품 食品

CHAPTER 3 외식 外食

CHAPTER 4 주거 住居

CHAPTER 5 건강 & 질병 健康 & 病気

PART 3　사회생활 속 행동 표현

CHAPTER 1　감정 표현 & 인간관계 感情表現 & 人間関係

CHAPTER 2　일 & 직업 仕事 & 職業

CHAPTER 3　쇼핑 ショッピング

CHAPTER 4　출산 & 육아 出産 & 育児

CHAPTER 5　여가 & 취미 余暇 & 趣味

PART I

신체 부위

행동 표현

CHAPTER

1

얼굴

かお

顔

MP3 001

고개를 끄덕이다
首を縦に振る

고개를 젓다
首を横に振る

고개를 들다
上を向く

고개를 숙이다[떨구다]
下を向く

고개를 돌리다
首を回す

고개를 뒤로 젖히다
首を後ろに反らす

고개를 기울이다
首を傾ける

고개를 끄덕이다
頷く

고개를 갸웃하다
小首を傾げる

고개를 내밀다
頭を突き出す

SENTENCES TO USE

고개를 조금 들고 심호흡하자.
少し上を向いて深呼吸しよう。

고개를 돌리면 뚝뚝 소리가 납니다.
首を回すと、ポキポキと音がします。

고개를 뒤로 젖히면 목에 통증을 느낍니다.
首を後ろに反らすと、首に痛みを感じます。

그의 설명에 그녀는 고개를 끄덕였다.
彼の説明に彼女は頷いた。

개가 창문으로 머리를 내밀었다.
犬が窓から頭を突き出した。

2 머리

MP3 002

머리를 숙여 인사하다
あたま さ あいさつ
頭を下げて挨拶する

(난처하여) 머리를 긁다
こま あたま か
(困って) 頭を掻く

머리를 쓰다듬다
あたま な
頭を撫でる

머리를 때리다
あたま なぐ
頭を殴る

머리를 치다[때리다]
あたま たた
頭を叩く

머리를 다치다
あたま け が
頭を怪我する

골치를 앓다
あたま いた
頭を痛める

머리를 쓰다[굴리다]
あたま つか
頭を使う

머리를 쥐어짜다
あたま しぼ
頭を絞る

SENTENCES TO USE

그 정치가는 머리를 숙여 인사했다.

せい じ か あたま さ あいさつ
その政治家は頭を下げて挨拶した。

그는 곤란할 때 항상 머리를 긁는다.

かれ こま とき あたま か
彼は困った時、いつも頭を掻く。

그녀는 아이의 머리를 쓰다듬었다.

かのじょ こども あたま な
彼女は子供の頭を撫でた。

그는 교통사고로 머리를 다쳤다.

かれ こうつうじ こ あたま な
彼は交通事故で頭を怪我した。

좀, 머리를 써서 생각해.

あたま つか かんが
ちょっと、頭を使って考えてよ。

머리를 감다
髪を洗う

머리를 헹구다
髪をすすぐ

**수건으로
머리를 감싸다**
タオルで
髪を巻く

머리를 말리다
髪を乾かす

머리를 빗다
髪をとかす

머리를 자르다[깎다]
髪を切る

머리를 박박 깎다[밀다]
髪を刈る

머리를 다듬다
髪を整える

머리를 퍼머하다
髪にパーマを
かける

머리를 염색하다
髪を染める

미용실에서 머리를 손질하다
美容室で髪の
お手入れをする

흰머리를 뽑다
白髪を抜く

SENTENCES TO USE

자기 전에 머리를 잘 말리세요.
寝る前に髪をよく乾かしてください。

그는 바리캉을 써서 직접 머리를 밀었다.
彼はバリカンを使って自分で髪を刈った。

우리 엄마는 한 달에 한 번 머리를 염색한다.
うちの母は月に一回、髪を染める。

데이트가 있어서 미용실에서 머리를 손질했다.
デートがあって、美容室で髪のお手入れをした。

머리를 기르다
髪を伸ばす

머리를 묶다
髪を束ねる

머리를 포니테일로 묶다
ポニーテールを作る

포니테일 머리를 하다
ポニーテールにする

머리를 땋다
髪を編む

머리를 틀어 올리다
髪を結う

머리를 풀다
髪を解く

가르마를 타다/바꾸다
分け目を作る / 変える

머리를 헝클다
髪を掻き乱す

(절망이나 괴로움으로)
머리를 쥐어뜯다
頭を掻きむしる

머리가 빠지다
髪の毛が抜ける

머리를 심다
植毛する

SENTENCES TO USE

머리를 길러 볼까?

髪を伸ばしてみようかな。

그녀는 고무줄로 머리를 뒤로 묶었다.

彼女はゴムひもで髪を後ろに束ねた。

그 여성은 포니테일 머리를 하고 있었다.

その女性はポニーテールにしていた。

그는 가르마를 바꿨다.

彼は分け目を変えた。

최근에 머리가 너무 많이 빠진다.

最近、髪の毛があまりにも多く抜ける。

이마

이마를 두드리다
おでこを叩く

이마를 찡그리다
額にしわを寄せる

이마의 땀을 닦다
額の汗を拭く

* '이마'는 구어체에서는 おでこ로,
문어체에서는 額(ひたい)로 사용
한다고 하지만, 크게 구별하지
않고 사용한다.

* '이마를 맞대다'를
일본어에서는 '무릎을
맞대다'로 표현한다.

(열이 있는지) 이마에 손을 짚어 보다
額に手を当ててみる

이마를 탁 치다
額をピシャリと打つ

이마를 맞대(고 의논하)다
膝を突き合わせる

눈썹

눈살을 찌푸리다
眉をひそめる

(남을 비난, 경멸한다는 의미로)
눈썹을 치켜 올리다
目くじらを立てる

눈썹을 그리다
眉毛を描く

눈썹을 뽑다
眉毛を抜く

눈썹을 밀다
眉毛を
剃る

SENTENCES TO USE

긴 세월 이마를 찡그리는 버릇 탓에, 가만히 있어도 주름이 눈에 띄게 되어 버렸다.
長年の額にしわを寄せる癖のせいで、何もしなくてもしわが目立つようになってしまった。

그는 손등으로 이마의 땀을 닦았다.
彼は手の甲で額の汗を拭いた。

열이 있는지 어떤지 이마에 손을 짚어 봤다.
熱があるかどうか、額に手を当ててみた。

그는 불쾌감을 느껴 눈살을 찌푸렸다.
彼は不快感を感じて眉をひそめた。

그녀는 아침마다 눈썹을 그린다.
彼女は毎朝、眉毛を描く。

눈

눈을 감다   눈을 사르르[지그시] 감다
目を閉じる   ソッと目を閉じる

눈을 뜨다
目を開ける

눈이 뒤집히다
白目をむく

곁눈질로 보다
横目で見る

노려보다, 쏘아보다
にらむ

시선[눈길]을 돌리다
目をそらす

곁눈질하다, 흘낏 보다
チラッと見る

SENTENCES TO USE

나는 영화의 무서운 장면에서 눈을 감았다.
私は映画の怖いシーンで目を閉じた。

그녀는 내 질문에 답하지 않고, 나를 노려보고 있었다.
彼女は私の質問に答えず、私をにらんでいた。

그가 자기 자랑하는 걸 듣고, 그녀는 시선을 돌렸다.
彼の自慢話を聞いて、彼女は目をそらした。

그는 나를 흘낏 보고 갔다.
彼は私をチラッと見て行った。

눈을 깜박거리다
目<ruby>め<rt></rt></ruby>をパチパチさせる

눈을 가늘게 뜨다, 실눈을 뜨다
目を細める

눈을 찡긋하다, 윙크하다
ウインクする

눈 하나 깜짝 안 하다
物ともしない

* '눈 하나 깜짝 하지 않고 아랑곳
하지 않는 모양'을 일본어에서는
物(もの)ともしない로 표현한다.

눈을 내리깔다
目を伏せる

눈을 비비다
目をこする

눈을 가리다
目を塞ぐ

눈을 붙이다   자다
一眠りする   寝る

SENTENCES TO USE

그녀는 눈을 가늘게 뜨고, 어느 가게의 간판을 가만히 응시했다.
彼女は目を細めて、ある店の看板をじっと見つめた。

그는 거짓말을 하면 눈을 깜박거린다.
彼は嘘をつくと、目をパチパチさせる。

그는 내 충고 같은 건 눈 하나 깜짝 안 한다.
彼は私の忠告なんか、物ともしない。

그 아이는 눈을 내리깔고 아무 말도 하지 않았다.
その子は目を伏せて、何も言わなかった。

손으로 눈을 비비지 마.
手で目をこするな。

코를 골다
いびきをかく

코[콧물]를 닦다
鼻水を拭く

코를 파다[후비다]
鼻をほじる

코를 풀다
鼻をかむ

코를 훌쩍이다
鼻をすする

(화가 나서) 코를 벌름거리다
小鼻を膨らませる

코를 긁다
鼻を掻く

* '무언가에 빠져서 열중, 몰두 하고 있는 모양'을 일본어로는 夢中(むちゅう)になっている 로 표현한다.

코를 박고 있다
夢中になっている

* '큰코다치다'의 '코'를 일본어에서는 '눈'을 사용하여 표현한다.

큰코다치다
ひどい目にあう

SENTENCES TO USE

그녀는 남편이 심하게 코를 골아서 함께 잠을 못 잔다.
彼女は夫がひどいいびきをかくから、一緒に寝られない。

그 아이는 만화책을 보면서 코를 후볐다.　　　その子はマンガを読みながら、鼻をほじった。

사람이 코를 긁으면 거짓말을 하고 있다는 의미라고 한다.
人が鼻を掻くと嘘をついているという意味だそうだ。

그에게 발각되면 큰코다친다.　　　　　　　彼に見つかったら、ひどい目にあうぞ。

MP3 006

입

입을 다물다
口を閉じる

입을 다물다(말하지 않다)
口をつぐむ

손으로 입을 가리다
手で口を覆う

입을 벌리다
口を開ける

입을 크게 벌리다
大口を開ける

입을 닦다
口を拭く

입을 맞추다(키스하다)
キスをする

뽀뽀하다
チューする

입을 맞추다(말을 맞추다)
口を合わせる

입을 오물거리다
口をモグモグさせる

SENTENCES TO USE

나는 뻐드렁니라 입을 다물기 어렵습니다.
私は出っ歯で、口を閉じづらいです。

그는 입을 굳게 다물고 아무 말도 하지 않았다.
彼は口を堅くつぐんで、何も言わなかった。

눈은 감고 입을 벌려 주세요.
目は閉じて口を開けてください。

그녀는 휴지로 입을 닦았다.
彼女はティッシュで口を拭いた。

그녀는 그의 뺨에 가볍게 입을 맞췄다.
彼女は彼の頬に軽くキスをした。

입술을 핥다
唇をなめる

입맛을 다시다
舌鼓を打つ

입술을 깨물다
唇を噛む

입술을 오므리다
唇をすぼめる

입[입술]을 삐죽 내밀다
口を尖らせる

입술이 떨리다
唇が震える

입술을 떨다
唇を震わせる

입술에 손가락을 갖다 대다
唇に指を当てる

입술에 립스틱을 바르다
唇に口紅をつける[塗る]

입술에 립글로스를 바르다
唇にリップグロスをつける[塗る]

SENTENCES TO USE

그는 맛있는 요리를 앞에 두고 입맛을 다셨다.
彼はおいしい料理を前にして、舌鼓を打った。

그녀는 입술을 깨무는 버릇이 있다.
彼女は唇を噛む癖がある。

그 아이는 엄마에게 혼나서 입을 삐죽 내밀었다.
その子は母に叱られて、口を尖らせた。

그녀는 입술에 손가락을 갖다 대고 "쉿!"이라고 말했다.
彼女は唇に指を当てて「シーッ!」と言った。

입술이 마르면, 입술에 립글로스를 바르세요.
唇が渇いたら、唇にリップグロスをつけてください。

혀, 치아

혀

혀를 깨물다
舌を噛む

혀를 내밀다
舌を出す

혀를 날름거리다
舌をベロベロする

혀를 차다
舌打ちする

혀를 말다
巻き舌をする

혀를 내두르다(매우 감탄하다)
舌を巻く

(강아지가) 혀를 빼물다
(小犬が) 舌を垂らす

SENTENCES TO USE

식사 중에 혀를 깨물어 버렸다.
食事中に舌を噛んでしまった。

아기가 혀를 내미는 것은 무슨 의미일까?
赤ちゃんが舌を出すのは何の意味だろう。

엄마는 내 말을 듣고 혀를 찼다.
母は私の話を聞いて舌打ちした。

그의 활약에 모두 혀를 내둘렀다.
彼の活躍に、みんな舌を巻いた。

더위에 개는 혀를 빼물고 엎드려 있었다.
暑さで、犬は舌を垂らしてうつ伏せになっていた。

이를 닦다, 양치질을 하다
歯を磨く，
歯磨きをする

치실질을 하다
デンタルフロスを
使う

치간칫솔질을 하다
歯間ブラシを
使う

이를 뽑다
歯を抜く

이를 치료하다
歯を治療する

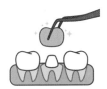

이에 금을 씌우다
歯に金冠をかぶせる

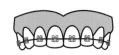

이[치열]를 교정하다
歯並びを矯正する

스케일링을 받다
スケーリングを
受ける

이를 갈다
歯ぎしりを
する

분해서 이를 갈다
牙を鳴らす

이를 악물다
歯を
食いしばる

(이쑤시개로)
이를 쑤시다
ようじを使う

SENTENCES TO USE

양치질하기 전에 치실질을 하는 것이 좋습니다.
歯磨きをする前に、デンタルフロスを使った方がいいです。

어제 치과에서 이를 뽑았다.
昨日、歯科で歯を抜いた。

그 아이는 치아 교정을 하고 있다.
その子は歯並びを矯正している。

그녀는 매년 스케일링을 받고 있다.
彼女は毎年、スケーリングを受けている。

그 사람은 잘 때 이를 간다.
その人は寝る時、歯ぎしりをする。

8 귀, 턱, 볼 · 뺨

MP3 008

귀

귀를 기울이다	귀를 막다[닫다]	귀를 파다[후비다]	귀를 뚫다	귀를 잡아당기다
耳を傾ける	耳を塞ぐ	耳をほじる	耳にピアスの穴を開ける	耳を引っ張る

턱

턱을 들다	턱을 내밀다	턱을 아래로 당기다
あごを上げる	あごを突き出す	あごを下に引く

턱을 만지다	턱을 쓰다듬다	손으로 턱을 괴다
あごを触る	あごを撫でる	頬杖をつく

SENTENCES TO USE

상사의 잔소리에 그는 귀를 닫았다.
上司の小言に、彼は耳を塞いだ。

엄마는 아이의 귀를 잡아당겼다.
子供は母に耳を引っ張られた。

나는 스무 살 때 귀를 뚫었다.
私は20歳の時に、耳にピアスの穴を開けた。

그녀는 사진을 찍을 때, 항상 턱을 들고 있다.
彼女は写真を撮る時、いつもあごを上げている。

수업 중에 손으로 턱을 괴고 있으면 안 됩니다.
授業中に頬杖をついていてはいけません。

볼[얼굴]을 붉히다
頬を赤らめる

볼을 비비다
頬ずりをする

볼을 쓰다듬다
頬を撫でる

뺨을 부풀리다
頬を膨らます

혀로 한쪽 볼을 부풀리다
舌で片方の頬を膨らます

뺨을 때리다
頬を叩く

볼을 꼬집다
頬をつねる

SENTENCES TO USE

그녀는 볼을 붉히며 창피한 듯 웃었다.
彼女は頬を赤らめて、恥ずかしそうに笑った。

엄마는 아기를 안고 볼을 비볐다.
お母さんは赤ちゃんを抱っこして頬ずりをした。

상쾌한 바람이 내 볼을 쓰다듬듯이 불어왔다.
爽やかな風が私の頬を撫でるように吹いてきた。

아이는 심심한 듯 뺨을 부풀리고 있었다.
子供は退屈そうに頬を膨らませていた。

할머니는 귀엽다면서 손주의 볼을 살짝 꼬집었다.
おばあさんはかわいいと言いながら孫の頬を軽くつねった。

9 목

MP3 009

목을 돌리다
首を回す

목을 주무르다
首を揉む

목을 뒤로 젖히다
首を後ろに反らす

목을 풀다
喉を開く

헛기침을 하다
咳払いをする

목에 걸리다
喉にひっかかる

목을 조르다
首を絞める

목을 졸라 죽이다
絞め殺す

목을 매다
首を吊る

SENTENCES TO USE

목결림이 심해서 목을 주물렀다.
首こりがひどくて、首を揉んだ。

노래하기 전에 목을 푸는 것이 좋다.
歌う前に、喉を開いた方がいい。

그는 긴장하면 헛기침을 한다.
彼は緊張すると、咳払いをする。

목에 뭔가가 걸린 느낌이 든다.
喉に何かがひっかかった感じがする。

범인은 피해자의 목을 졸라 죽였다.
犯人は被害者の首を絞めて殺した。

10 얼굴 표정

MP3 010

얼굴을 찡그리다
顔をしかめる

미소 짓다
微笑む

이를 드러내며 웃다
歯を見せて笑う

소리 내어 웃다
声を出して笑う

킥킥거리다, 키득거리다
クスクス笑う

비웃다   조롱하다
あざ笑う   からかう

윙크하다
ウインクする

코를 찡그리다
鼻にしわを寄せる

눈물을 흘리다
涙を流す

흑흑 흐느껴 울다
すすり泣く

얼굴을 붉히다
顔を赤らめる

눈을 치켜뜨다, 눈이 뒤집히다
白目をむく

SENTENCES TO USE

그는 내가 만든 음식을 먹고 얼굴을 찡그렸다.
彼は私が作った料理を食べて、顔をしかめた。

아버지는 텔레비전을 보면서 소리를 내서 웃었다.
お父さんはテレビを見ながら声を出して笑った。

그는 책을 읽으며 키득거렸다.
彼は本を読みながらクスクス笑った。

개가 코를 찡그리며 으르렁거렸다.
犬が鼻にしわを寄せて唸った。

그녀는 영화를 보면서 눈물을 흘렸다.
彼女は映画を見ながら涙を流した。

CHAPTER

2

상반신

じょう はん しん
上半身

MP3 011

어깨를 으쓱하다
肩をすくめる

어깨를 들썩거리다
肩を上下に動かす

어깨를 펴다
背筋を伸ばす

어깨를 움츠리다
肩をすぼめる

어깨를 주무르다
肩を揉む

어깨를 토닥이다
肩を軽く叩く

어깨를 감싸 안다
肩を抱く

어깨에 둘러메다
肩に掛ける

어깨 동무를 하다
肩を組む

어깨를 나란히 하고 서다
肩を並べて立つ

어깨를 나란히 하다[견주다]
肩を並べる

SENTENCES TO USE

그는 어깨를 으쓱할 뿐, 아무 말도 하지 않았다.

彼は肩をすくめるだけで、何も言わなかった。

그녀는 추워서 어깨를 움츠리고 있었다.

彼女は寒くて肩をすぼめていた。

손주는 할머니의 어깨를 주물러 드렸다.

おばあさんは孫に肩を揉んでもらった。

선생님은 학생의 어깨를 토닥였다.

先生は学生の肩を軽く叩いた。

두 아이는 어깨동무를 하고 걸어갔다.

二人の子供は肩を組んで歩いて行った。

팔

(양)팔을 들다
(両)腕を上げる

(양)팔을 내리다
(両)腕を下げる

(양)팔을 벌리다
(両)腕を広げる , (両)手を広げる

팔을 뻗다
腕を伸ばす

양팔을 앞으로 뻗다
腕を前に伸ばす

팔을 구부리다
腕を曲げる

팔을 구부려 알통을 만들다
腕を曲げて力こぶを作る

팔을 휘두르다
腕を振り回す

팔을 걷어붙이다
腕まくりをする

소매를 걷어붙이다
袖まくりをする

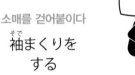

팔을 베고 눕다
腕まくらをして横になる

SENTENCES TO USE

양팔을 머리 위로 천천히 드세요.
両腕を頭の上にゆっくりと上げてください。

아이는 양팔을 쫙 벌리고 달려 왔다.
子供は両腕をパッと広げて走ってきた。

팔을 뻗어 주차권을 뽑았다.
腕を伸ばして駐車券を取った。

그는 팔을 구부려 알통을 만들어 보였다.
彼は腕を曲げて力こぶを作って見せた。

그는 팔을 걷어붙이고 상자를 나르기 시작했다.
彼は腕まくりをして箱を運び始めた。

팔을 잡다
腕を掴む

팔을 뿌리치다
腕を振り払う

팔을 잡아끌다
腕を引っ張る

팔에 매달리다
腕にぶら下がる

팔짱을 끼다 (혼자)
腕を組む

팔짱을 끼다 (타인과)
腕を組む

팔을 비틀다
腕をひねる

SENTENCES TO USE

누군가가 팔을 잡아서, 팔을 뿌리치고 도망쳤다.
誰かに腕を掴まれ、腕を振り払って逃げた。

그녀는 팔짱을 낀 채 생각에 잠겨 있었다.
彼女は腕を組んで考え込んでいた。

그는 여자 친구와 팔짱을 끼고 걸어가고 있었다.
彼は彼女と腕を組んで歩いていた。

팔꿈치를 괴다　　　　손으로 턱을 괴다
ひじ肘をつく　　　ほおづえ頬杖をつく

팔꿈치로 찌르다
ひじ つ肘で突く

팔꿈치로 헤치고 지나가다
ひじ お わ とお肘で押し分けて通る

SENTENCES TO USE

식사 중에 팔꿈치를 괴고 먹는 것은 예의 없는 행동이다.
しょく じ ちゅう ひじ た ぎょう ぎ わる食事中に肘をついて食べるのは、行儀の悪いことだ。

아주머니는 붐비는 사람들 사이를 팔꿈치로 헤치고 지나갔다.
ひと なか ひじ お わ とおおばさんは人ごみの中を肘で押し分けて通った。

MP3 013

손목

손목을 잡다
手首を掴む

손목을 돌리다
手首を回す

손목을 삐다
手首を捻挫する

손

손을 들다
手を上げる

손을 내리다
手を下ろす

악수하다
握手する

손을 잡다
手を握る

(두 사람이) 손을 잡다
手をつなぐ

(자신의) 두 손을 깍지 끼다
両手を組む

SENTENCES TO USE

그가 손목을 잡아서 가슴이 두근두근했다.

彼に手首を掴まれ、胸がドキドキした。

그는 농구 시합 중에 손목을 삐었다.

彼はバスケットボールの試合中に、手首を捻挫した。

그 아이는 손을 들고 횡단보도를 건넜다.

その子は手を上げて、横断歩道を渡った。

시장은 관계자들과 악수했다.

市長は関係者たちと握手した。

아이는 엄마의 손을 잡고 있다.

子供は母親の手を握っている。

주먹을 쥐다
こぶしを握る

합장하다
合掌する

손을 펴다
手の平を広げる

손으로 햇빛을 가리다
手で日差しを遮る

손을 넣다
手を入れる

손을 빼다
手を抜く

손을 씻다
手を洗う

손을 흔들다
手を振る

손을 움켜쥐다
手を握り締める

손을 뿌리치다
手を振り払う

손을 내밀다
手を差し出す

SENTENCES TO USE

그는 그 이야기를 듣고 주먹을 쥐고 일어났다.
彼はその話を聞いて、こぶしを握って立ち上がった。

집에 돌아오면 먼저 손을 씻으세요.
家に帰ったら、まず手を洗ってください。

그들은 비행기를 향해 손을 흔들었다.
彼らは飛行機に向かって手を振った。

그녀는 그의 손을 뿌리치며 비명을 질렀다.
彼女は彼の手を振り払って悲鳴を上げた。

먼저 올라간 사람이 나에게 손을 내밀었다.
先に登っていた人が私に手を差し出した。

허리에 손을 대다
腰に手を当てる

손이 떨리다
手が震える

손을 비비다
手を擦る

손에 입김을 불다
手に息を吹きかける

손등, 손바닥

모닥불에 손을 쬐다
焚き火に手をかざす

손등으로 이마의 땀을 닦다
手の甲で額の汗を拭く

손등으로 입을 닦다
手の甲で口を拭く

손등에 입을 맞추다
手の甲にキスをする

하이파이브를 하다
ハイタッチをする

(서로) 손바닥을 맞대다
手の平を合わせる

손바닥을 때리다
手の平を叩く

손바닥으로 때리다
手の平で叩く

SENTENCES TO USE

슈퍼맨이 허리에 손을 대고 서 있다.
スーパーマンが腰に手を当てて立っている。

그녀는 너무 긴장해서 손이 떨렸다.
彼女は緊張のあまり、手が震えた。

모닥불에 손을 쬐니 따뜻해졌다.
焚き火に手をかざすと、暖かくなった。

그는 손등으로 이마의 땀을 닦았다.
彼は手の甲で額の汗を拭いた。

우승한 선수는 코치와 하이파이브를 했다.
優勝した選手はコーチとハイタッチをした。

4 손가락, 손톱

MP3 014

손가락

손가락을 펴다
ゆび の
指を伸ばす

손가락을 접다
ゆび お
指を折る

손가락질하다
ゆび さ
指差す

손가락으로 가리키다
ゆび さ
指で指す

손가락으로 만지다
ゆび さわ
指で触る

손가락으로 수를 세다
ゆび かず かぞ
指で数を数える

엄지척을 하다
おやゆび た
親指を立てる

손가락에 반지를 끼다
ゆび ゆびわ
指に指輪をはめる

손가락에서 반지를 빼다
ゆび ゆびわ はず
指から指輪を外す

SENTENCES TO USE

손가락을 펴 보세요. 약지가 검지보다 길군요.
ゆび の くすりゆび ひとさし ゆび なが
指を伸ばしてみてください。薬指が人差し指より長いですね。

손가락으로 달을 가리키고 있는데, 왜 손가락을 보고 있는 거야?
ゆび つき さ ゆび み
指で月を指しているのに、なんで指を見てるの?

사람을 손가락질하지 마!
ひと ゆび さ
人を指差すな!

감독이 선수를 향해 엄지척을 했다.
かんとく せんしゅ む おやゆび た
監督が選手に向かって親指を立てた。

손가락 마디를 꺾어서
소리를 내다
指の関節を鳴らす

손가락을 빨다
指しゃぶりをする

손가락을 베이다
指を切られる

손가락 하나
까딱하지 않다
横の物を縦にも
しない

손톱

손톱을 짧게 깎다
爪を短く切る

손톱을 다듬다
爪を磨く

손톱을 물어뜯다
爪を噛む

손톱으로 긁다/할퀴다
爪で掻く / 引っ掻く

네일을 받다
マニキュアを受ける

손톱이 빠지다
爪が剥がれる

손톱에 매니큐어를 칠하다
爪にマニキュアを塗る

손톱이 부러지다
爪が折れる

SENTENCES TO USE

손가락 마디를 꺾어서 소리를 내는 게 안 좋나요?
指の関節を鳴らすのは、よくないですか。

종이에 손가락을 베였다.
紙に指を切られた。

손톱을 짧게 깎아 주세요.
爪を短く切ってください。

그는 손톱을 물어뜯는 버릇이 있다.
彼は爪を噛む癖がある。

그녀는 매주 네일숍에서 네일을 받는다.
彼女は毎週ネイルサロンで、マニキュアを受ける。

등/허리

등[허리]을 펴다
背筋を伸ばす

허리를 굽히다
腰を屈める

허리를 굽실거리다,
아부하다
ペコペコする

등을 기대다
背をもたれる

허리[상체]를 뒤로 젖히다
体を後ろに反らす

등을 돌리다
背を向ける

등(짝)을 후려치다
背中を殴る

등을 토닥거리다
背中を軽く叩く,
背中をトントンと叩く

등을 떠밀다
背中を押す

등에 업다[지다]
背に負う

짊어지다, 업다
背負う

SENTENCES TO USE

허리를 펴고 앞을 보세요.
背筋を伸ばして、前を見てください。

왜 저 사람은 정치가에게 굽실거리는 걸까?
なんであの人は政治家にペコペコするのだろう。

벽에 등을 기대고 앉아 주세요.
壁に背をもたれて座ってください。

남편은 아내에게 등을 돌리고 자고 있었다.
夫は妻に背を向けて寝ていた。

선배가 (내) 등을 후려쳤다.
先輩に背中を殴られた。

허리가 아프다
腰が痛い

등을 긁다
背中を掻く

등에 청진기를 대다
背中に聴診器を当てる

허리

허리를 다치다
腰に怪我をする

허리를 삐다
腰の捻挫をする

허리를 비틀다
腰をひねる

허리띠를 하다
ベルトを締める

허리띠를 졸라매다
財布のひもを締める

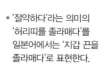

절약하다
節約する

* '절약하다'라는 의미의
'허리띠를 졸라매다'를
일본어에서는 '지갑 끈을
졸라매다'로 표현한다.

SENTENCES TO USE

바닥에 앉으면 허리가 아픕니다.
床に座ると、腰が痛いです。

그는 효자손으로 등을 긁었다.
彼は孫の手で背中を掻いた。

의사는 환자의 등에 청진기를 댔다.
医者は患者の背中に聴診器を当てた。

눈길에서 넘어져 허리를 삐었다.
雪道で転んで、腰の捻挫をした。

우리는 수입이 줄어서 허리띠를 졸라매야 한다.
私たちは収入が減り、財布のひもを締めなければならない。

배

배가 고프다
お腹が空く

배가 부르다
お腹が一杯になる

배가 아프다
お腹が痛い

배에서 꼬르륵 소리가 나다
お腹がグーグーと鳴る

배를 내밀다
お腹を出す

배를 불룩하게 하다
お腹を膨らませる

배를 깔고 눕다, 엎드리다
腹ばいになる

배를 문지르다
お腹を擦る

배가 나오다
お腹が出る

배가 들어가다, 뱃살이 빠지다
お腹が痩せる

SENTENCES TO USE

배가 고파서 뭐든 먹고 싶은 기분이다.
お腹が空いて何でも食べたい気分だ。

과식해서 배가 아픕니다.
食べ過ぎでお腹が痛いです。

엎드려서 책을 읽는 건 허리에 안 좋다.
腹ばいになって、本を読むのは腰に良くない。

40대가 되어 배가 나왔어요.
40代になって、お腹が出てきました。

뱃살만 빠지는 방법이 있나요?
お腹だけ痩せる方法ってありますか。

CHAPTER

3

하반신

か　はん　しん
下半身

엉덩이, 골반

엉덩이

엉덩이를 실룩거리다
お尻を
プリプリ振る

엉덩이를 흔들다
お尻を振る

엉덩이를 뒤로 빼다
お尻を後ろに引く

엉덩이를 토닥거리다
お尻を軽く叩く

엉덩이를 긁다
お尻を掻く

엉덩이의 먼지를 털다
お尻のほこりを払う

엉덩이를 까다
お尻を出す

엉덩이를 찰싹 때리다
お尻をピシャリと打つ

골반

골반을 흔들다
骨盤を左右に動かす

바지를 골반에 걸치다
腰パンする

SENTENCES TO USE

무용수가 음악에 맞춰 엉덩이를 흔들고 있다.
ダンサーが音楽に合わせてお尻を振っている。

그녀는 엉덩이를 실룩거리며 걸었다.
彼女はお尻をプリプリ振りながら歩いた。

엄마가 아기의 엉덩이를 토닥거렸다.
ママが赤ちゃんのお尻を軽く叩いた。

친구가 (내) 엉덩이를 찰싹 때렸다.
友達にお尻をピシャリと打たれた。

저기 바지를 골반에 걸치고 있는 사람이 남자 친구야?
あの腰パンしている人が彼氏なの?

MP3 017

다리

다리를 꼬다	다리를 꼬고 앉다	책상다리를 하고 앉다	다리를 떨다
足を組む	足を組んで座る	あぐらをかく	貧乏揺すりをする

다리를 뻗다[쭉 펴다]	다리를 벌리다	다리를 벌리고 앉다
足を伸ばす	足を広げる	足を広げて座る

다리를 오므리다	다리를 구부리다	다리를 주무르다	다리를 긁다
足を閉じる	足を曲げる	足を揉む	足を掻く

SENTENCES TO USE

다리를 꼬고 앉는 건 골반에 안 좋다.	足を組んで座るのは骨盤に良くない。
다리를 펴거나 벌리며 스트레칭을 하다.	足を伸ばしたり広げたりして、ストレッチをする。
지하철에서 다리를 벌리고 앉는 사람은 용서할 수 없다.	地下鉄で足を広げて座る人は許せない。
다리를 오므리고 앉아 주세요.	足を閉じて座ってください。
손주는 할머니의 다리를 주물러 드렸다.	おばあさんは孫に足を揉んでもらった。

한 다리로 서다
片足で立つ

다리를 끌다[절다]
足を引きずる

오른쪽 다리를 끌다[절다]
右足を引きずる

왼쪽 다리를 끌다[절다]
左足を引きずる

목발을 짚다
松葉杖をつく

다리가 저리다
足がしびれる

다리에 쥐가 나다
足がつる

다리를 다치다
足を怪我する

다리가 부러지다
足の骨が折れる

다리를 절단하다
足を切断する

다리에 깁스를 하다
足にギプスをする

다리를 걸어 넘어뜨리다
足をかけて倒す

SENTENCES TO USE

한 다리로 얼마 동안 서 있을 수 있어요?
片足でどのくらい立っていられますか。

그는 사고로 오른쪽 다리를 살짝 전다.
彼は事故で右足を軽く引きずる。

책상다리를 하고 앉아 있었더니, 다리가 저렸다.
あぐらをかいて座っていたので、足がしびれた。

다리를 다쳐서 못 달려.
足を怪我して、走れないよ。

그 남성은 다리에 깁스를 하고 있다.
その男性は足にギプスをしている。

허벅지

허벅지를 쓰다듬다
太ももを触る

허벅지를 때리다
太ももを打つ[叩く]

허벅지를 꼬집다
太ももをつねる

꿈인지 생시인지 허벅지를 꼬집어 보다
夢かうつつか太ももをつねってみる

SENTENCES TO USE

그녀는 큰소리로 웃으면서 옆에 앉아 있는 친구의 허벅지를 때렸다.

彼女は大声で笑いながら、隣に座っている友人の太ももを叩いた。

복권에 당첨돼서 꿈인지 생시인지 허벅지를 꼬집어 보았다.

宝くじに当たって、夢かうつつか太ももをつねってみた。

무릎

무릎을 구부리다
膝を曲げる

무릎을 세우다
膝を立てる,
立て膝をする

무릎을 끌어안다
膝を抱える

한쪽 무릎을 세우다
片膝を立てる

무릎을 꿇다
ひざまずく

무릎을 맞대다
膝を交える,
膝を突き合わせる

무릎걸음으로 가다
四つんばいになって行く

무릎을 베다
膝枕をする

무릎을 치다[때리다]
膝を打つ

무릎이 까지다
膝が擦り剝ける

SENTENCES TO USE

무릎을 90도로 구부리고, 그 자세로 10초 셉니다.
膝を90度に曲げて、その姿勢で10秒数えます。

그녀는 무릎을 끌어안고 바닥에 앉아 있었다.
彼女は膝を抱えて床に座っていた。

그는 그녀에게 무릎을 꿇고 프로포즈를 했다.
彼は彼女に、ひざまずいてプロポーズをした。

급경사면을 무릎걸음으로 필사적으로 올라갔다.
急斜面を四つんばいになって必死に登った。

어른인데 넘어져서 무릎이 까졌다.
大人なのに、転んで膝が擦り剝けた。

종아리

종아리를 마사지하다
膨（ふく）らはぎをマッサージする

종아리를 때리다
膨（ふく）らはぎを叩（たた）く

회초리로 종아리를 맞다
ムチで膨（ふく）らはぎを打（う）たれる

정강이

정강이를 차다
向（む）こうずねを蹴（け）る

정강이를 부딪치다
向（む）こうずねをぶつける

정강이가 까지다
向（む）こうずねが擦（す）り剥（む）ける

SENTENCES TO USE

달린 뒤에는 종아리를 마사지한다.
走（はし）った後（あと）は、膨（ふく）らはぎをマッサージする。

나는 어렸을 때 부모님께 회초리로 종아리를 맞은 적이 있다.
私（わたし）は幼（おさな）い時（とき）、親（おや）にムチで膨（ふく）らはぎを打（う）たれたことがある。

격투기 시합에서 정강이를 차였다.
格闘技（かくとうぎ）の試合（しあい）で向（む）こうずねを蹴（け）られた。

침대 프레임에 정강이를 부딪쳤다.
ベッドフレームに向（む）こうずねをぶつけた。

발

발을 헛디디다
足を踏み外す

발이 걸려 넘어지다
つまずいて転ぶ

발을 절다[절뚝거리다]
足を引きずる

발을 마사지하다
足をマッサージする

발을 구르다
足を踏み鳴らす

발을 내딛다
足を踏み出す

발을 멈추다
足を止める

발(길)을 돌리다
きびすを返す

발로 차다
足で蹴る

발로 밟다
足で踏む

발을 밟다
足を踏む

발을 맞추다
足並みを揃える

족욕을 하다
足湯をする

SENTENCES TO USE

발을 헛디뎌서 계단에서 굴러 떨어졌다.

足を踏み外して、階段から転げ落ちた。

그 영화에서 범인은 발을 절며 걸었다.

その映画で犯人は足を引きずって歩いた。

그는 그녀의 이야기를 듣고 발길을 돌려 갔다.

彼は彼女の話を聞いて、きびすを返して行った。

지하철에서 하이힐을 신은 여성이 (내) 발을 밟았다.

地下鉄でハイヒールを履いている女性に足を踏まれた。

(~계에) 발을 들여 놓다

(~界に) 足を踏み入れる
かい　あし　ふ　い

(~) 분야에서 일을 시작하다

(~の) 分野で仕事を始める
ぶん や　し ごと　はじ

발을 빼다(관계를 끊다)

足を洗う, 手を切る
あし　あら　　て　き

발목

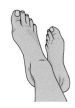   

발목을 교차하다	발목을 삐다[접질리다]	발목을 돌리다	발목을 펴다
足首をクロスする	足首の捻挫をする	足首を回す	足首を伸ばす
あしくび	あしくび ねん ざ	あしくび まわ	あしくび の

발목을 몸쪽으로 당기다

(발가락을 뒤로 젖히다)

足指を反らす
あしゆび　そ

발목을 잡히다, 약점을 잡히다

足元を見られる
あしもと　み

(발목에) 전자발찌를 차다

(足首に) 電子足輪をつける
あしくび　でん し あし わ

SENTENCES TO USE

영화 업계에 발을 들여 놓았다.

映画業界に足を踏み入れた。
えい が ぎょうかい　あし　ふ　い

경마에서 발을 빼고 싶다.

競馬から足を洗いたい。
けい ば　　あし　あら

그녀는 앉으면 발목을 교차하는 버릇이 있다.

彼女は、座ると足首をクロスする癖がある。
か のじょ　　すわ　　あしくび　　　　　　くせ

발이 피로할 때는 발목을 돌립니다.

足が疲れた時は、足首を回します。
あし　つか　　とき　　あしくび　まわ

거래처에 약점을 잡혔다.

取引先に足元を見られた。
とりひきさき　あしもと　み

발바닥

발바닥을 간질이다
足の裏をくすぐる

발바닥을 긁다
足の裏を掻く

발바닥에 물집이 잡히다
足の裏にまめが
できる

발바닥에 굳은살이 박이다
足の裏にたこが
できる

발꿈치

발꿈치를 들다
かかとを上げる

발꿈치를 들고 걷다, 발끝으로 걷다
つま先立ちで歩く

SENTENCES TO USE

그는 발바닥을 간질여도 꿈쩍도 하지 않았다.
彼は足の裏をくすぐられても、びくともしなかった。

하루 종일 새 구두를 신고 있었더니 발바닥에 물집이 잡혔다.
一日中新しい靴を履いていたから、足の裏にまめができた。

발바닥에 굳은살이 박여서 걷기 힘듭니다.
足の裏にたこができて歩きづらいです。

발꿈치를 들고 조용히 걸었다.
つま先立ちで静かに歩いた。

5 발가락, 발톱

발가락

발가락을 꼼지락거리다
足の指を
もぞもぞ動かす

발가락을 쫙 펴다
足の指を広げる

발가락을 구부리다
足の指を曲げる

발가락을 주무르다
足の指を揉む

발톱

발가락을 쥐다
足の指を握る

발가락을 깨물다
足の指を噛む

발톱을 깎다
足の指の爪を切る

발톱을 다듬다
足の指の爪を磨く

발톱에 칠하다
足の指の爪に塗る

발톱이 빠지다
足の指の爪が抜ける

발톱을 숨기다
(자신의 능력 등을 숨기다)
爪を隠す

손톱[발톱]을 세우다
(화를 내다)
爪を立てる

SENTENCES TO USE

아기는 자기 발가락을 빨거나 깨물거나 한다.

엄마는 아이의 발톱을 깎아 주었다.

그녀는 발톱에 페디큐어를 칠하고 있었다.

발을 밟혀서 발톱이 빠졌다.

능력이 있는 매는 발톱을 숨긴다. (일본 속담)

赤ちゃんは自分の足の指をなめたり噛んだりする。

子供は母親に足の指の爪を切ってもらった。

彼女は足の指の爪にペディキュアを塗っていた。

足を踏まれて足の指の爪が抜けた。

能ある鷹は爪を隠す。

CHAPTER

4

전신

ぜん　しん
全身

움직임과 자세

MP3 021

눕다	반듯이 눕다	모로 눕다	엎드리다	몸을 웅크리고 눕다
横になる	仰向けになる	横向きになる	うつ伏せる	体を丸めて横になる

밤에 잠이 깨다	잠에서 깨다	일어나다	침대에서 벌떡 일어나다	자리에서 일어나다	벌떡 일어나다
夜中に目が覚める	目を覚ます	起きる	ベッドから飛び起きる	席を立つ	跳ね起きる

똑바로 서다	까치발로 서다 (발끝으로 서다)	한 발로 서다	한 발로 균형을 잡다
まっすぐに立つ	つま先立ちになる	片足で立つ	片足でバランスを取る

SENTENCES TO USE

그는 옆으로 누워 자고 있었다.
彼は横向きになって寝ていた。

아이는 소파 위에서 엎드려 있었다.
子供はソファーの上でうつ伏せになっていた。

그는 시계를 보고 침대에서 벌떡 일어났다.
彼は時計を見て、ベッドから飛び起きた。

그녀는 비상벨 소리를 듣고 벌떡 일어났다.
彼女は非常ベルの音を聞いて跳ね起きた。

오늘은 한 발로 균형을 잡는 훈련을 합니다.
今日は片足でバランスを取るトレーニングをします。

몸을 (왼쪽/오른쪽으로)
돌리다[틀다]
体を (左/右に)回す

몸을 앞으로 내밀다
身を乗り出す

몸을 (왼쪽/오른쪽으로)
기울이다
体を (左/右に)傾ける

몸을 앞으로 굽히다
前屈する

책상에 기대다
机に寄りかかる

책상에 엎드리다
机にうつ伏せになる

의자 등받이에 기대다
椅子の背もたれに
寄りかかる

의자에 앉아 다리를 꼬다
椅子に座って足を組む

자세를 바로 하다
姿勢を正す

몸을 흔들다
体を揺する

몸을 꼼지락거리다,
안절부절못하다
身をもぞもぞさせる

SENTENCES TO USE

몸을 오른쪽으로 돌리고 왼쪽 손을 드세요.
体を右に回して、左手を上げてください。

그녀는 창문에서 몸을 앞으로 내밀었다.
彼女は窓から身を乗り出した。

그는 책상에 기대서 이야기하고 있다.
彼は机に寄りかかって、話している。

학생들은 책상에 엎드려서 자고 있었다.
学生たちは机にうつ伏せになって寝ていた。

자세를 바로 할 것!
姿勢を正しくするように!

쭈그리고 앉다
しゃがむ

몸을 움츠리다
(공포나 불안 등으로)
身をすくめる

몸을 낮추다[엎드리다]
(숨거나 피할 때)
身を伏せる

몸을 옹송그리다, 웅크리다
(등을 둥글게 하고 팔다리를 몸에
가까이 붙인 자세)
うずくまる

몸을 떨다
体を振るわせる

비틀거리다
よろよろする

몸을 가누다,
균형을 유지하다
体を支える

운동하다
運動する

준비 운동을 하다, 몸을 풀다
準備運動をする,
ウォーミングアップをする

SENTENCES TO USE

아이는 우체통 뒤에 쭈그리고 앉아 숨어 있었다.
子供はポストの後ろにしゃがんで隠れていた。

그녀는 무서운 이야기를 듣고 몸을 움츠렸다.
彼女は怖い話を聞いて身をすくめた。

그는 술에 취해 비틀거리며 걸었다.
彼はお酒に酔って、よろよろと歩いた。

규칙적으로 운동하는 것이 중요합니다.
規則的に運動するのが重要です。

운동하기 전에는 준비 운동을 할 것!
運動する前には、準備運動をするように!

UNIT 2 몸 관리

MP3 022

몸을 청결하게 유지하다
体を清潔に保つ

샤워하다
シャワーを浴びる

찬물로 샤워하다
冷水シャワーを浴びる

몸에 보디워시/샤워젤을 문지르다
体をボディソープ /
シャワージェルでこする

목욕하다
お風呂に入る

뜨거운 물에 목욕하다
熱いお風呂に入る

욕조에 몸을 담그다
お湯に浸かる

반신욕을 하다
半身浴をする

몸을 녹이다
体を暖める, 暖を取る

SENTENCES TO USE

몸을 항상 청결하게 유지해 주세요.
体をいつも清潔に保つようにしてください。

나는 여름에도 찬물로 샤워를 못 합니다.
私は夏でも冷水シャワーを浴びることができません。

이제부터 집에 가서 목욕을 할 거예요.
これから家に帰ってお風呂に入ります。

뜨거운 물에 5분 이상 목욕하는 것은 위험해요.
熱いお風呂に5分以上入るのは危険ですよ。

한국에서는 많은 사람들이 반신욕을 한다.
韓国では多くの人が半身浴をする。

몸을 따뜻이 하다
体を暖かくする

담요로 몸을 감싸다
毛布で身を包む

소파에 몸을 파묻다
ソファーに体を埋める

몸을 편하게 하다
体を楽にする

긴장을 풀다
リラックスする

건강을 잃다/해치다
健康を失う / 害する

회복하다
回復する

몸조심하다
体に気をつける

자기 몸을 돌보다
体を大事にする

SENTENCES TO USE

몸을 늘 따뜻하게 하도록 하세요.
体をいつも暖かくするようにしてください。

그녀는 소파에 몸을 파묻고 쉬고 있다.
彼女はソファーに体を埋めて休んでいる。

'건강을 잃으면 전부를 잃는다'는 말이 있어요.
「健康を失うと全てを失う」という言葉がありますよ。

그는 뇌수술을 받고, 회복하고 있다.
彼は脳の手術を受けて、回復しつつある。

몸조심해.
お体に気をつけて。

UNIT 3 기타

멋을 내다, 옷을 차려입다
おしゃれする

꾸미다, 몸을 치장하다
着飾(きかざ)る

거울에 자신의 모습을 비춰 보다
鏡(かがみ)に自分(じぶん)の姿(すがた)を映(うつ)して見(み)る

몸을 숨기다
身(み)を隠(かく)す

밀어 떨어뜨리다
突(つ)き落(お)とす

몸을 수색하다
ボディーチェックをする

SENTENCES TO USE

예쁘게 꾸미고 어디 가?
きれいに着飾(きかざ)ってどこに行(い)くの？

그녀는 멋을 내고 외출했다.
彼女(かのじょ)はおしゃれして出(で)かけた。

그녀는 새 옷을 입고 거울에 자신의 모습을 비춰 봤다.
彼女(かのじょ)は新(あたら)しい服(ふく)を着(き)て、鏡(かがみ)に自分(じぶん)の姿(すがた)を映(うつ)して見(み)た。

그는 속세로부터 몸을 숨겼다.
彼(かれ)は俗世間(ぞくせけん)から身(み)を隠(かく)した。

경찰은 용의자의 몸을 수색했다.
警察(けいさつ)は容疑者(ようぎしゃ)のボディーチェックをした。

PART II

일상생활 속

행동 표현

CHAPTER

1

의복

衣服

옷 입기

옷을 입다
服を着る

바지를 입다
ズボンを履く

옷을 벗다
服を脱ぐ

(~에) 머리를 넣다[통과하다]
(~に) 頭を通す

소매에 팔을 넣다[통과하다]
袖に腕を通す

단추를 채우다
ボタンを掛ける

단추를 풀다
ボタンを外す

지퍼를 올리다
ファスナーを上げる

지퍼를 내리다
ファスナーを下ろす

허리띠를 채우다
ベルトを締める

허리띠를 풀다
ベルトを外す

SENTENCES TO USE

그는 외출하기 위해 옷을 입었다.
彼は出かけるために、服を着た。

스웨터를 입을 때, 먼저 머리를 넣습니다.
セーターを着る時、先に頭を通します。

아이는 티셔츠 소매에 팔을 넣느라 고생하고 있다.
子供はTシャツの袖に腕を通すのに苦労している。

셔츠 제일 위 단추는 풀어도 됩니다.
シャツの一番上のボタンは外してもいいですよ。

저 학생은 운동복 상의의 지퍼를 목까지 올리고 있다.
あの学生はジャージの上着のファスナーを首まで上げている。

소매를 걷다
袖をまくる

바짓단을 접다
ズボンの裾を折り返す

옷깃을 세우다
襟を立てる

모자를 쓰다
帽子をかぶる

모자를 벗다
帽子を
脱ぐ[取る]

모자를 거꾸로
쓰고 있다
キャップを後ろ
かぶりにしている

모자를 푹
눌러 쓰고 있다
帽子を目深に
かぶっている

목에 스카프를 두르다
首元に
スカーフを巻く

넥타이를 매다
ネクタイを締める

넥타이를 풀다
ネクタイを外す

넥타이를 고쳐 매다
ネクタイを締め直す

커프스단추를 채우다
シャツのカフス
ボタンを付ける

SENTENCES TO USE

더워서 그는 셔츠의 소매를 걷었다.
暑いので、彼はシャツの袖をまくった。

그 아이는 바지 기장이 너무 길어서 바짓단을 접었다.
その子はズボンの丈が長すぎて、ズボンの裾を折り返した。

바람이 세게 불어서 그녀는 트렌치코트의 옷깃을 세웠다.
風が強く吹いて、彼女はトレンチコートの襟を立てた。

그는 모자를 벗고 선생님께 머리 숙여 인사했다.
彼は帽子を脱いで、先生に頭を下げて挨拶した。

그는 면접 전에 넥타이를 고쳐 맸다.
彼は面接の前に、ネクタイを締め直した。

장갑을 끼다
手袋をはめる

장갑을 벗다
手袋を脱ぐ[外す]

신발을 신다
靴を履く

신발을 벗다
靴を脱ぐ

반지를 끼다
指輪をはめる

귀걸이/목걸이/팔찌를 하다
イヤリング / ネックレス /
ブレスレットをする

어깨에 걸치다
肩掛けする

옷을 껴입다
重ね着する

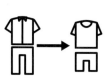

옷을 갈아입다
服を着替える

옷/정장/셔츠를 고르다
服 / スーツ / シャツを
選ぶ

SENTENCES TO USE

미국에서는 집에 들어갈 때 신발을 벗지 않는다.	アメリカでは家に入る時に、靴を脱がない。
그녀는 새로 산 진주 귀걸이를 했다.	彼女は新しく買った真珠のイヤリングをした。
그는 코트를 어깨에 걸치고 가게에 들어왔다.	彼はコートを肩掛けして店に入って来た。
추워서 옷을 껴입었다.	寒いので、重ね着した。
그는 땀을 많이 흘려서 옷을 갈아입었다.	彼は汗をたくさんかいたので、服を着替えた。

빨래하다, 세탁하다
せんたく
洗濯する

세탁기를 돌리다
せんたくき まわ つか
洗濯機を回す[使う]

손빨래하다
て あら
手洗いする

빨랫감을 분류하다
せんたくもの わ
洗濯物を分ける

흰 빨랫감과 색깔 있는
빨래감을 분리하다
しろもの いろもの
白物と色物を
わ
分ける

세탁기에 빨래를 넣다
せんたくき せんたくもの い
洗濯機に洗濯物を入れる

세제/섬유유연제를 넣다
せんざい じゅうなんざい
洗剤 / 柔軟剤を
い
入れる

빨래를 헹구다
せんたくもの
洗濯物をすすぐ

빨래를 탈수하다
せんたくもの
洗濯物を
だっすい
脱水する

세탁기에서 빨래를 꺼내다
せんたくき せんたくもの と だ
洗濯機から洗濯物を取り出す

빨래를 털다
せんたくもの ふ
洗濯物を振る

빨랫대[빨랫줄]에 빨래를 널다
せんたくものほし せんたくもの ほ
洗濯物干しに洗濯物を干す

SENTENCES TO USE

오늘은 빨래해야 해요.
きょう せんたく
今日は洗濯しなければなりません。

나는 속옷은 손빨래해요.
わたし したぎ て あら
私は下着は手洗いしますよ。

세탁기에 빨래를 넣고 세제를 넣어 주세요.
せんたくき せんたくもの い せんざい い
洗濯機に洗濯物を入れて洗剤を入れてください。

세탁기에서 빨래를 꺼내서 널어 주세요.
せんたくき せんたくもの と だ ほ
洗濯機から洗濯物を取り出して干してください。

빨래는 잘 턴 다음에 널어 주세요.
せんたくもの ふ ほ
洗濯物をしっかり振ってから干してください。

빨래를 걷다
洗濯物を取り込む

빨래를 건조기에 넣다
洗濯物を乾燥機に入れる

빨래를 건조기에서 꺼내다
洗濯物を乾燥機から取り出す

빨래를 말리다
洗濯物を干す

빨래를 개다
洗濯物を畳む

삶아 빨다
煮洗いする

빨래를 삶다
洗濯物を煮沸する

옷에 풀을 먹이다
服に糊付けする

다림질하다
アイロンをかける

물을 뿌리다
水でスプレーする

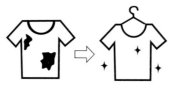

옷을 옷장에 넣다
服をタンスにしまう

옷을 표백하다
服を漂泊する

드라이클리닝 맡기다
ドライクリーニングに出す

SENTENCES TO USE

빨래를 건조기에서 꺼냈으면 개야죠.
洗濯物を乾燥機から取り出したら畳まないと。

오늘은 셔츠 5벌을 다림질해야 합니다.
今日はシャツ5枚にアイロンをかけなければなりません。

다림질하기 전에 옷에 물을 뿌려 주세요.
アイロンをかける前に、服に水でスプレーしてください。

갠 옷은 옷장에 넣어 주세요.
畳んだ服はタンスにしまってください。

오늘은 겨울옷을 드라이클리닝 맡겼다.
今日は冬服をドライクリーニングに出した。

3 옷 수선, 바느질, 옷 만들기

MP3 026

옷을 수선하다
服を繕う

바지 길이/치마 길이/소매 길이를 줄이다
ズボンの丈 / スカートの丈 / 袖丈を詰める

옷의 품을 줄이다
服の幅を詰める

바느질하다, 꿰매다
縫う

바늘귀에 실을 끼우다
針穴に糸を通す

양말의 구멍을 꿰매다
靴下の穴を縫う

옷을 직접 만들다
服を自分で作る

재봉틀을 사용하다
ミシンを使う

재봉틀로 박다
ミシンで縫う

SENTENCES TO USE

왜 일자로 쭉 바느질하지 못하는 걸끼?
なんでまっすぐに縫えないんだろう。

노안으로 바늘귀에 실을 끼우지 못한다.
老眼で針穴に糸が通せない。

나는 양말의 구멍을 꿰매서 다시 신었다.
私は靴下の穴を縫ってまた履いた。

그 여성은 가끔 옷을 직접 만들어 입는다.
その女性はたまに服を自分で作って着る。

그녀는 재봉틀을 사용해 쿠션을 만들었다.
彼女はミシンを使ってクッションを作った。

MP3 027

동전을 준비하다
小銭を用意する

지폐를 동전으로 교환하다
紙幣を小銭に
両替する

세제와 유연제 시트를
구입하다
洗剤と柔軟剤シートを
購入する

세탁기를 선택하다
洗濯機を選ぶ

세탁물을 넣다
洗濯物を入れる

세제를 넣다
洗剤を入れる

세탁기 문을 꽉 닫다
洗濯機のドアを
しっかり閉める

세탁 코스를 선택하다
洗濯コースを
選ぶ

동전을 넣다
コインを入れる

세탁물을 꺼내다
洗濯物を取り出す

세탁물을 건조기에 넣다
洗濯物を乾燥機に入れる

유연제 시트를 넣다
柔軟剤シートを
入れる

Dry normal,
low heat

Dry normal,
medium heat

Dry normal,
high heat

건조 온도를 설정하다
乾燥温度を設定する

동전을 넣다
コインを入れる

시작 버튼을 누르다
スタートボタンを押す

CHAPTER

2

식품

しょく ひん
食品

식재료 손질, 보관

찬장에 넣다
食器棚にしまう

냉장고/냉동고에 넣다
冷蔵庫/冷凍庫に
入れる

냉장 보관하다
冷蔵保存する

냉동 보관하다
冷凍保存する

냉장고/냉동고에서 꺼내다
冷蔵庫/冷凍庫から
取り出す

냉동하다
冷凍する

해동하다
解凍する

쌀을 씻다
お米を研ぐ

쌀을 물에 불리다
お米を水に浸ける

채소를 씻다
野菜を洗う

채소를 손질하다
(다듬고 씻고 잘라서 밑작업하다)
野菜を下ごしらえする

고기에서 기름을 떼어 내다
肉の脂肪を取り除く

SENTENCES TO USE

그는 사 온 식품을 바로 냉장고에 넣었다.
彼は買ってきた食品をすぐに冷蔵庫に入れた。

이 식품은 냉동 보관해야 한다.
この食品は冷凍保存しなければならない。

나는 냉동고에서 고기를 꺼내서 해동했다.
私は冷凍庫から肉を取り出して解凍した。

쌀을 씻어서 물에 불려 두었다.
お米を研いで水に浸けておいた。

채소를 쓰기 쉽게 손질해서 냉동해 둡니다.
野菜を使いやすく下ごしらえして冷凍しておきます。

생선을 손질하다
魚をさばく

생선 내장을 빼다
魚の内臓を取る

상한 부분을 도려내다
傷んだ部分を抉る

껍질을 벗기다
皮をむく

자르다, 썰다
切る

토막 내다
ぶつ切りにする

생선 가시를 발라내다
魚の骨を抜く

잘게 썰다
切り刻む

채썰다
千切りにする

얇게 썰다
薄切りにする

깍둑썰기하다
さいの目切りにする

고기를 잘게 다지다
肉を細かく切り刻む

갈다, 빻다
挽く

강판에 갈다
下ろし金で下ろす

즙을 짜다
汁を絞る

SENTENCES TO USE

생선 손질하는 건 어렵다.
魚をさばくのは難しい。

고등어는 내장을 빼고 토막 내 주세요.
サバは内臓を取って、ぶつ切りにしてください。

김밥에 넣을 당근은 채썹니다.
のり巻きに入れるにんじんは、千切りにします。

카레에 넣을 감자는 깍둑썰기해 주세요.
カレーに入れるじゃがいもは、さいの目切りにしてください。

만두를 만들기 위해 고기를 잘게 다졌다.
ギョーザを作るために、肉を細かく切り刻んだ。

MP3 029

밥을 짓다, 밥을 하다
ご飯を炊く

김치를 담그다
キムチを漬ける

소금에 절이다
塩に漬け込む

피클을 만들다
ピクルスを作る

양념에 재워 두다
薬味に漬け込む

양념하다
味付けする

무치다
和える

찌다
蒸す

채소를 데치다
[삶다]
野菜を茹でる

끓이다, 삶다
煮る

약한 불로 끓이다
とろ火で煮る

기름에 부치다[굽다]
油で焼く

기름에 튀기다
油で揚げる

SENTENCES TO USE

그는 난생 처음으로 밥을 했다.
彼は生まれて初めてご飯を炊いた。

김치를 담그는 일은 생각보다는 어렵지 않았다.
キムチを漬けることは、思ったよりは難しくなかった。

한국에서는 갈비를 양념에 재워 뒀다가 요리한다.
韓国では、カルビを薬味に漬け込んでから料理する。

나는 된장과 참기름을 넣어 나물을 무쳤다.
私は味噌とゴマ油を入れてナムルを和えた。

달걀은 중불에서 15분 정도 삶는다.
卵は中火で15分ぐらい茹でる。

볶다
炒める

뒤집다
引っくり返す

빵을 굽다
パンを焼く

오븐이나 불에 굽다
オーブンや火で焼く

석쇠나 그릴에 굽다
焼き網やグリルで焼く

고기를 통째로 굽다
肉を丸焼きにする

바비큐를 하다
バーベキューをする

고기를 직화로 굽다
肉を直火焼きにする

젓다, 섞다
かき混ぜる

섞다
混ぜる[混ぜ合わせる]

으깨다
潰す

(달걀 등을) 휘저어 거품을 내다
(卵などを)かき混ぜて泡立てる

SENTENCES TO USE

채소를 볶다가 케첩을 넣어서 맛을 냅니다.
野菜を炒めてから、ケチャップを入れて味をつけます。

부침개를 깔끔하게 뒤집는 건 어렵다.　　チヂミをきれいに引っくり返すのは難しい。

어제 저녁에 마당에서 바비큐를 했습니다.　　昨日の夜、庭でバーベキューをしました。

삶은 감자를 으깨서 마요네즈, 소금, 후추를 넣고 섞어 주세요.
茹でたじゃがいもを潰して、マヨネーズ、塩、コショウを入れて混ぜ合わせてください。

거품기로 크림을 휘저어 거품을 내 둡니다.　　泡立器でクリームをかき混ぜて泡立てておきます。

붓다
注ぐ

소금을 뿌리다
塩をかける

(버터, 잼 등을) 펴 바르다
(バター、ジャムなどを) 塗る

달걀을 깨다
卵を割る

밀가루를 반죽하다
小麦粉をこねる

반죽을 치대다
生地をこねる

반죽을 발효시키다
生地を発酵させる

반죽을 밀어서 납작하게 만들다
生地を伸ばす

쿠키 틀을 사용하다
クッキー型を使う

SENTENCES TO USE

토마토에 소금을 조금 뿌려 먹으면 맛있어요.
トマトに塩を少しかけて食べるとおいしいよ。

그 아이는 생전 처음 달걀을 깨 보았다.
その子は生まれて初めて卵を割ってみた。

반죽을 30분 정도 치대 주세요.
生地を30分ほどこねてください。

반죽을 따뜻한 곳에 1시간 정도 두고 발효시켜 주세요.
生地を暖かい所に1時間ほど置いて、発酵させてください。

나는 쿠키 틀을 사용해서 쿠키를 만들었다.
私はクッキー型を使って、クッキーを作った。

3 주방용품, 조리 도구 사용

MP3 030

가스 불을 줄이다/키우다

ガスコンロの火を
小さくする /
大きくする

가스를 차단하다

ガスを遮断する

가스레인지를 켜다/끄다

ガスコンロの火をつける / 消す

가스 밸브를 잠그다/열다

ガスの元栓を締める / 開ける

밥솥으로 밥을 하다

炊飯器でご飯を炊く

전자레인지에 데우다

電子レンジで温める

토스트를 굽다

トーストを焼く

오븐에 빵을 굽다

オーブンでパンを焼く

오븐에 고기를 굽다

オーブンで肉を焼く

에어프라이어로 요리하다/만들다

ノンフライヤーで料理する / 作る

SENTENCES TO USE

물이 끓으면 가스 불을 줄여 주세요.

お湯が沸いたら、ガスコンロの火を小さくしてください。

가스레인지를 다 썼으면 가스 밸브를 잠그세요.

ガスコンロを使い終わったら、ガスの元栓を締めるください。

전자레인지에 3분 정도 데워서 드세요.

電子レンジで3分ぐらい温めてお召し上がりください。

토스트를 구워, 버터와 잼을 발라 먹었다.

トーストを焼き、バターとジャムを塗って食べた。

에어프라이어로 기름을 사용하지 않는 건강한 요리를 만들 수 있습니다.

ノンフライヤーで油を使わないヘルシーな料理が作れます。

주전자/전기 주전자로
물을 끓이다
やかん/電気ポットで
お湯を沸かす

커피 메이커로
커피를 내리다
コーヒーメーカーで
コーヒーを淹れる

도마에 대고
자르다[썰다]
まな板の上で切る

믹서로 갈다
ミキサーに
かける

주방 저울로 무게를 달다
キッチンスケールで
重さを計る

체에 치다
ふるいに掛ける

행주로 식탁을 닦다
布巾で食卓を拭く

주방 후드를 켜다
レンジフードを
つける

식기세척기에 그릇을 넣다
食器洗い機に
器を入れる

식기세척기의 전원을 켜다
食器洗い機の電源を入れる

식기세척기를 돌리다[쓰다]
食器洗い機を使う

앞치마를 두르다
エプロンをする

SENTENCES TO USE

전기 주전자로 물을 끓여 주세요.
電気ポットでお湯を沸かしてください。

그녀는 도마에 대고 두부를 잘랐다.
彼女はまな板の上で豆腐を切った。

이것은 채소와 과일을 믹서로 갈아 만든 음료수예요.
これは野菜と果物をミキサーにかけて作ったドリンクですよ。

주방 저울로 설탕의 무게를 달아 봤다.
キッチンスケールで、砂糖の重さを計ってみた。

식기세척기에 그릇을 넣어 줄래?
食器洗い機に器を入れてくれない？

음식 먹기, 대접하기

식사를 하다
食事をする

아침/점심/저녁을 먹다
朝ご飯/昼ご飯/晩ご飯を食べる

간식을 먹다
おやつを食べる

야식을 먹다
夜食を食べる

음식을 덜어 먹다
料理を取って食べる

음식을 나눠 먹다
料理を分けて
食べる

음식을 권하다
料理を勧める

식사 준비를 하다
食事の用意をする

상(접시, 그릇)을 치우다
お皿をさげる

국자로 뜨다
杓子ですくう

주걱으로 밥을 푸다
しゃもじでご飯をよそう

SENTENCES TO USE

간식으로는 토마토나 사과를 먹습니다.
おやつには、トマトやリンゴを食べます。

나는 야식을 먹는 습관을 버려야 한다.
私は夜食を食べる習慣を捨てなければならない。

음식은 앞접시에 덜어서 드세요.
料理は取り皿に取って食べてください。

저 레스토랑에서는 로봇이 식사 준비를 해 줘.
あのレストランでは、ロボットが食事の用意をしてくれるよ。

접시를 치워도 될까요?
お皿をさげてもよろしいですか。

숟가락/젓가락/ 포크/
나이프를 사용하다

スプーン / 箸 /
フォーク /
ナイフを使う

숟가락으로 뜨다
スプーンですくう

젓가락으로 집다
箸でつかむ

포크로 찍다
フォークで刺す

우물거리다
もぐもぐさせる

칼로 자르다
ナイフで切る

(음식을) 씹다
(食べ物を) 噛む

(음식을) 삼키다
(食べ物を) 飲み込む

국물을 마시다
お汁を飲む

벌컥벌컥 마시다
がぶがぶと飲む

고기를 상추/깻잎에 싸 먹다
肉をサンチュ / ゴマの葉に
包んで食べる

SENTENCES TO USE

나는 젓가락질을 잘 못해서 젓가락으로 집는 게 힘들다.
私は箸の使い方が下手だから、箸でつかむのが大変だ。

이가 아파서 음식을 잘 씹지 못한다.
歯が痛くて、食べ物がよく噛めない。

음식을 삼키기 어려울 때가 있습니다.
食べ物が飲み込みにくい時があります。

한국에서는 고기를 상추와 깻잎에 싸서 먹는다.
韓国では、お肉をサンチュとゴマの葉に包んで食べる。

게걸스럽게 먹다, 허겁지겁 먹다
ガツガツ食べる

깨작거리다
チビチビ食べる

짭짭 소리를 내며 먹다
クチャクチャ音を
立てて食べる

입맛을 다시다
舌鼓を打つ

억지로 삼키다
無理に飲み込む

(음식을) 뱉다, 토하다
(食べ物を)吐く

냅킨으로 입을 닦다
ナプキンで口を拭く

(음식을) 내놓다
(料理を)出す

(음식을) 싸가다
(料理を)持ち帰る

SENTENCES TO USE

배가 너무 고팠어서 허겁지겁 먹었다.	お腹が空きすぎてたから、ガツガツ食べた。
깨작거리지 말고 얼른 먹어.	チビチビ食べないで、サッサと食べなさい。
짭짭 소리를 내며 먹지 마줘.	クチャクチャ音を立てて食べないで。
차멀미로 토할 것 같았다.	車酔いで吐きそうになった。
남은 음식은 싸가겠습니다.	食べ残した料理は持ち帰ります。

외식

がい しょく
外食

MP3 032

음료를 고르다
飲み物を選ぶ

음료를 주문하다
飲み物を注文する

음료 값을 계산하다
飲み物代を支払う

기프티콘을 음료로 교환하다
ギフティコンを
飲み物に交換する

기프티콘으로 음료를 구매하다
ギフティコンで飲み物を
購入する

기프티콘 바코드를 찍다
ギフティコンの
バーコードを読み取る

키오스크에서
주문하다
キオスクで
注文する

전광판에서 번호를 확인하다
表示器で番号を
確認する

진동벨이 울리다
呼び出しベルが
鳴る

주문한 음료를 받다
注文した飲み物を
受け取る

시럽을 추가하다
シロップを
追加する

SENTENCES TO USE

음료를 골랐으면 카운터에서 주문해 주세요.
飲み物を選んだら、カウンターで注文してください。

친구에게 받은 기프티콘을 음료로 교환했다.
友だちにもらったギフティコンを飲み物に交換した。

키오스크에서 주문하고 자리에 앉아 있으면, 로봇이 자리로 음료를 가져온다.
キオスクで注文して、席に座っていると、ロボットが席へ飲み物を持ってくる。

진동벨이 울리면 카운터에 가서 음료를 받아 줘.
呼び出しベルが鳴ったら、カウンターに行って飲み物を受け取って。

(카페 등에서) 자리를 잡다

(カフェなどで)
席を取る

(음료수를) 마시다

(ドリンクを)飲む

대화를 나누다, 수다 떨다

おしゃべりをする

커피를 마시다

コーヒーを飲む

화장실을 이용하다

トイレを利用する

테이크아웃하다

テイクアウトする

QR코드를 찍다

QRコードを読み取る

사용한 식기를 반납하다

使用済みの食器を返却する

SENTENCES TO USE

우리는 카페에서 커피를 마시며 수다를 떨었다.

私たちはカフェでコーヒーを飲みながらおしゃべりをした。

그녀는 화장실을 이용하기 위해서 카페에 가서 음료를 샀다.

彼女はトイレを利用するために、カフェに行って飲み物を買った。

나는 아이스 카페라떼 한 잔을 테이크아웃했다. 私はアイスカフェラテを1杯テイクアウトした。

사용한 식기는 반납해 주세요. 使用済みの食器は返却してください。

자리를 예약하다
席を予約する

줄 서서 기다리다
並んで待つ

대기 명단에 이름을 올리다
ウェーティングリストに
名を連ねる

메뉴를 고르다
メニューを選ぶ

종업원을 부르다
店員さんを呼ぶ

메뉴를 추천받다
メニューを勧められる

와인 리스트를
부탁하다
ワインリストを
見せてもらう

식사를 주문하다
食事を注文する

테이블에 수저를 놓다
テーブルに
スプーンと箸を置く

컵에 물을 따르다
コップに水を注ぐ

SENTENCES TO USE

나는 그 레스토랑에 6인용 자리를 예약했다.
私はそのレストランに、6人用の席を予約した。

그 식당은 인기가 있어서 줄 서서 기다려야 합니다.
その食堂は人気があって、並んで待たなければなりません。

대기 명단에 이름을 올리고 30분 기다렸다.
ウェーティングリストに名を連ねて30分待った。

점원이 추천하는 메뉴는 맛있어요.
店員さんに勧められるメニューはおいしいよ。

컵에 물을 따르고, 음식이 나오기를 기다리고 있다.
コップに水を注いで、料理が出るのを待っている。

개인 접시[앞접시]를 부탁하다
取り皿を頼む

음식을 추가하다
料理を追加する

고기를 불판에 굽다
肉を焼網で焼く

고기를 뒤집다
肉を裏返す

고기를 가위로 자르다
肉をはさみで
切る

스테이크를 썰다
ステーキを切る

스파게티를 포크에 돌돌 말다
スパゲッティを
フォークにグルグル巻く

음식 사진을 찍다
料理の写真を
撮る

음식을 흘리다
食べ物を
こぼす

물을 쏟다
お水を
こぼす

음식에서 머리카락을
발견하다
料理で髪の毛を
見つける

음식에 불평하다
料理に
文句を言う

SENTENCES TO USE

종업원을 불러 앞접시를 부탁했다.
店員さんを呼んで取り皿を頼んだ。

한국에서는 구운 고기를 가위로 자른다.
韓国では、焼いた肉をはさみで切る。

그녀는 스파게티를 포크에 돌돌 말아서 먹었다.
彼女はスパゲッティをフォークにグルグル巻いて食べた。

그녀는 음식 사진을 찍어서 SNS에 올린다.
彼女は料理の写真を撮ってSNSにアップする。

모처럼 만든 요리에 불평을 들었다.
せっかく作った料理に文句を言われた。

남은 음식을 포장해서 가져가다[가져오다]
食べきれなかった料理を
ドギーバッグで持ち帰る

(음식값을) 계산하다
お会計する

영수증을 받다
レシートをもらう

더치페이하다[각자 내다]
割り勘にする

반반씩 내다
半分にする

따로 내다
別々にする

QR코드를 찍다
QRコードを読み取る

포장 주문을 하다
テイクアウトの
注文をする

전화로 음식을 주문하다
電話で料理を
注文する

배달앱으로 음식을 주문하다
出前アプリで料理を
注文する

SENTENCES TO USE

식당에서 남은 음식을 포장해서 집에 가져왔다.
食堂で食べきれなかった料理をドギーバッグで家に持ち帰った。

계산해 주세요.
お会計、お願いします。

계산은 따로 할까요?
お会計は別々にしましょうか。

전화로 포장 주문이 가능합니까?
電話でテイクアウトの注文ができますか。

요즘은 배달앱으로 음식을 주문하는 사람이 많다.
最近は出前アプリで料理を注文する人が多い。

食べて祈って

恋をして

CHAPTER

4

주거

<ruby>住<rt>じゅう</rt></ruby><ruby>居<rt>きょ</rt></ruby>

장소별 행동 ① – 침실

MP3 034

잘자
おやすみ

잠자리에 들다
床につく

안녕히 주무세요
おやすみなさい

알람을 맞추다
アラームを
設定する

(수면용) 안대를 하다
(睡眠用)
アイマスクをする

잠 못 들고 뒤척이다
寝そびれる

잠들다
寝入る

자다
寝る

똑바로 누워서 자다
仰向けで寝る

옆으로 누워서 자다
横向きで寝る

자면서 몸을 뒤척이다
寝返りを打つ

잠꼬대를 하다
寝言を言う

코를 골다
いびきをかく

이를 갈다
歯ぎしりをする

SENTENCES TO USE

내일 일찍 나가야 해서 자명종 알람을 5시로 맞췄다.
明日、早く出なければならないので、目覚まし時計のアラームを5時に設定した。

나는 보통 옆으로 누워서 잔다.
私は普通、横向きで寝る。

당신, 어젯밤에 잠꼬대하더라.
あんた、昨日の夜、寝言を言ってたよ。

우리 남편은 코를 심하게 골아요.
うちの夫はひどくいびきをかきます。

내 남동생은 잘 때 이를 갈아요.
私の弟は寝ている時に、歯ぎしりをします。

침대를 정리하다
ベッドメイク
する

방바닥에 이부자리를 펴다
床に布団を敷く

이부자리를 개다
布団を畳む

이불을 덮다
布団を掛ける

(자면서) 이불을 차다
(寝ながら)
布団を蹴る

(침대) 시트를 갈다
シーツを
交換する

베개 커버를 갈다
枕カバーを
交換する

잠에서 깨다
目覚める

잠자리에서
일어나다
寝床から出る

침대에서 떨어지다
ベッドから落ちる

알람을 끄다
アラームを
止める

기지개를 켜다
伸びをする

하품하다
あくびをする

잠옷을 입다/벗다
パジャマを
着る / 脱ぐ

옷을 입다
服を着る

SENTENCES TO USE

아내는 매일 아침 침대를 정리하고 외출합니다.
妻は毎朝、ベッドメイクして出かけます。

이부자리를 펴고 자는 것은 좋은데, 개는 것이 귀찮다.
布団を敷いて寝るのはいいけど、畳むのが面倒くさい。

베개 커버는 며칠 간격으로 갈아요?
枕カバーは、何日おきに交換しますか。

그녀는 잠자리에서 일어나서 기지개를 켰습니다.
彼女は寝床から出て、伸びをしました。

그는 잠옷을 벗고 옷을 입었다.
彼はパジャマを脱いで服を着た。

장소별 행동 ② – 거실, 서재

MP3 035

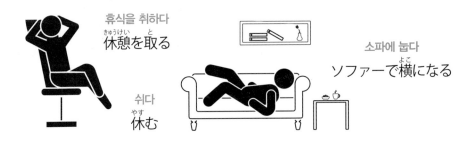

휴식을 취하다
休憩を取る

쉬다
休む

소파에 눕다
ソファーで横になる

창밖을 내다보다
窓の外を眺める

책을 읽다
本を読む

그림을 그리다
絵を描く

피아노를 치다
ピアノを弾く

기타를 치다
ギターを弾く

SENTENCES TO USE

그녀는 집에 돌아오면, TV를 보면서 느긋하게 쉰다.　彼女は家に帰ると、テレビを見ながらゆっくり休む。

지난 일요일은 하루 종일 소파에 누워 TV를 봤다.
先週の日曜日は、一日中ソファーで横になってテレビを見た。

우리 고양이는 캣타워에 앉아서 창밖을 내다보는 걸 좋아한다.
うちの猫はキャットタワーに座って、窓の外を眺めるのが好きだ。

그는 주말에는 서재에서 책을 읽거나 그림을 그리거나 한다.
彼は週末には書斎で本を読んだり、絵を描いたりする。

체조를 하다
体操をする

요가를 하다
ヨガをする

인터넷 서핑을 하다
ネットサーフィンをする

컴퓨터 게임을 하다
PCゲームをする

SNS를 확인하다
SNSをチェックする

TV/영화/넷플릭스/유튜브를 보다
テレビ/映画/ネットフリックス/YouTubeを見る

SENTENCES TO USE

나는 매일 거실에서 요가를 합니다.
私は毎日、リビングルームでヨガをします。

나는 서재에서 인터넷 서핑을 하거나 넷플릭스를 보거나 합니다.
私は書斎でネットサーフィンをしたり、ネットフリックスを見たりします。

그녀는 스마트폰으로 SNS를 확인하고 있다.
彼女はスマホでSNSをチェックしている。

그는 집에 돌아오면, 저녁을 먹으면서 유튜브 동영상을 본다.
彼は家に帰ったら、夕食を食べながらYouTubeの動画を見る。

MP3 036

요리하다
料理する

음식을 만들다
料理を作る

빵을 굽다
パンを焼く

커피를 내리다
コーヒーを淹れる

도시락을 싸다
お弁当を作る

식탁에 식기를 차리다
食卓に食器を並べる

(음식을) 먹다
(食べ物を) 食べる

아침 식사/점심 식사/저녁 식사를 하다
朝食 / 昼食 / 夕食を食べる

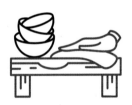

식탁을 치우다
食卓を片付ける

설거지하다
皿洗いをする

SENTENCES TO USE

나는 요즘 수제 빵을 굽기 시작했다.
私は最近、手作りパンを焼き始めた。

그녀는 아침에 일어나면 제일 먼저 커피를 내린다.
彼女は朝起きたら、真っ先にコーヒーを淹れる。

나는 매일 아침, 도시락을 싸서 출근합니다.
私は毎朝、お弁当を作って出勤します。

식사를 끝내면 바로 설거지를 합니다.
食事が終わったら、すぐ皿洗いをします。

식기세척기의 전원을 켜다
食器洗い機の電源を入れる

식기세척기에 식기를 넣다
食器洗い機に食器を入れる

식기세척기를 돌리다
食器洗い機を使う

냉장고를 정리하다
冷蔵庫を整理する

냉장고를 청소하다
冷蔵庫を掃除する

음식물 쓰레기를 처리하다
生ゴミを処理する

주방 후드를 켜다
キッチンフードをつける

SENTENCES TO USE

나는 요리를 하고, 남편은 식기세척기에 식기를 넣는다.
私は料理をして、夫は食器洗い機に食器を入れる。

냉장고는 정기적으로 청소해야 한다.
冷蔵庫は定期的に掃除しなければならない。

음식물 쓰레기를 처리하는 게 귀찮아서, 음식물처리기를 샀다.
生ゴミを処理するのが面倒で、生ゴミ処理機を買った。

요리를 할 때는 주방 후드를 켜 주세요.
料理をする時は、キッチンフードをつけてください。

MP3 037

손을 씻다
<ruby>手<rt>て</rt></ruby>を<ruby>洗<rt>あら</rt></ruby>う

세수하다
<ruby>顔<rt>かお</rt></ruby>を<ruby>洗<rt>あら</rt></ruby>う

양치질하다
<ruby>歯<rt>は</rt></ruby>を<ruby>磨<rt>みが</rt></ruby>く

치실질을 하다
デンタルフロスを<ruby>使<rt>つか</rt></ruby>う

치간 칫솔을 쓰다
<ruby>歯間<rt>しかん</rt></ruby>ブラシを<ruby>使<rt>つか</rt></ruby>う

면도하다
ひげを<ruby>剃<rt>そ</rt></ruby>る

머리를 감다
<ruby>髪<rt>かみ</rt></ruby>を<ruby>洗<rt>あら</rt></ruby>う

머리를 말리다
<ruby>髪<rt>かみ</rt></ruby>を<ruby>乾<rt>かわ</rt></ruby>かす

머리를 빗다
<ruby>髪<rt>かみ</rt></ruby>をとかす

머리를 손질하다
<ruby>髪<rt>かみ</rt></ruby>の<ruby>手入<rt>てい</rt></ruby>れをする

샤워하다
シャワーを<ruby>浴<rt>あ</rt></ruby>びる

목욕하다
お<ruby>風呂<rt>ふろ</rt></ruby>に<ruby>入<rt>はい</rt></ruby>る

욕조에 물을 받다
お<ruby>風呂<rt>ふろ</rt></ruby>に<ruby>水<rt>みず</rt></ruby>を<ruby>溜<rt>た</rt></ruby>める

스킨/로션을 바르다
<ruby>化粧水<rt>けしょうすい</rt></ruby>/<ruby>乳液<rt>にゅうえき</rt></ruby>をつける

크림을 바르다
クリームを<ruby>塗<rt>ぬ</rt></ruby>る

보디로션을 바르다
ボディローションを<ruby>塗<rt>ぬ</rt></ruby>る

SENTENCES TO USE

외출에서 돌아오면 반드시 비누로 손을 씻어 주세요.
<ruby>外出<rt>がいしゅつ</rt></ruby>から<ruby>帰<rt>かえ</rt></ruby>ってきたら、<ruby>必<rt>かなら</rt></ruby>ず<ruby>石<rt>せっ</rt></ruby>けんで<ruby>手<rt>て</rt></ruby>を<ruby>洗<rt>あら</rt></ruby>ってください。

양치질하기 전에 치실질을 하세요.
<ruby>歯<rt>は</rt></ruby>を<ruby>磨<rt>みが</rt></ruby>く<ruby>前<rt>まえ</rt></ruby>に、デンタルフロスを<ruby>使<rt>つか</rt></ruby>ってください。

밤에 자기 전에 머리를 감는 편이 좋다.
<ruby>夜<rt>よる</rt></ruby><ruby>寝<rt>ね</rt></ruby>る<ruby>前<rt>まえ</rt></ruby>に、<ruby>髪<rt>かみ</rt></ruby>を<ruby>洗<rt>あら</rt></ruby>った<ruby>方<rt>ほう</rt></ruby>がいい。

샤워는 미지근한 물로 하는 편이 좋다.
シャワーはぬるま<ruby>湯<rt>ゆ</rt></ruby>で<ruby>浴<rt>あ</rt></ruby>びた<ruby>方<rt>ほう</rt></ruby>がいい。

피부가 건조하면 보디로션을 바르세요.
<ruby>肌<rt>はだ</rt></ruby>が<ruby>乾燥<rt>かんそう</rt></ruby>したら、ボディローションを<ruby>塗<rt>ぬ</rt></ruby>ってください。

손톱[발톱]을 깎다
<ruby>爪<rt>つめ</rt></ruby>を<ruby>切<rt>き</rt></ruby>る

염색하다
<ruby>染<rt>そ</rt></ruby>める

화장하다
<ruby>化粧<rt>けしょう</rt></ruby>する

화장을 지우다
<ruby>化粧<rt>けしょう</rt></ruby>を<ruby>落<rt>お</rt></ruby>とす

오줌을 누다/소변을 보다
おしっこをする /
<ruby>小便<rt>しょうべん</rt></ruby>をする

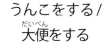

똥을 누다/대변을 보다
うんこをする /
<ruby>大便<rt>だいべん</rt></ruby>をする

비데를 사용하다
ウォシュレットを
<ruby>使<rt>つか</rt></ruby>う

화장실 물을 내리다
トイレの<ruby>水<rt>みず</rt></ruby>を
<ruby>流<rt>なが</rt></ruby>す

막힌 변기를 뚫다
<ruby>詰<rt>つま</rt></ruby>った<ruby>便器<rt>べんき</rt></ruby>を
<ruby>直<rt>なお</rt></ruby>す

욕실 청소를 하다
<ruby>風呂場<rt>ふろば</rt></ruby>の
<ruby>掃除<rt>そうじ</rt></ruby>をする

욕조를 청소하다
お<ruby>風呂<rt>ふろ</rt></ruby>を
<ruby>掃除<rt>そうじ</rt></ruby>する

휴지걸이에 휴지를 걸다
トイレットペーパー
ホルダーにトイレット
ペーパーを<ruby>掛<rt>か</rt></ruby>ける

SENTENCES TO USE

손톱을 너무 짧게 깎아서 아픕니다.
<ruby>爪<rt>つめ</rt></ruby>を<ruby>切<rt>き</rt></ruby>りすぎて<ruby>痛<rt>いた</rt></ruby>いです。

그는 머리카락을 파란색으로 염색했다.
<ruby>彼<rt>かれ</rt></ruby>は<ruby>髪<rt>かみ</rt></ruby>の<ruby>毛<rt>け</rt></ruby>を<ruby>青<rt>あお</rt></ruby>に<ruby>染<rt>そ</rt></ruby>めた。

화장을 하는 것보다 화장을 지우는 게 더 중요하다.
<ruby>化粧<rt>けしょう</rt></ruby>をすることより、<ruby>化粧<rt>けしょう</rt></ruby>を<ruby>落<rt>お</rt></ruby>とすことがもっと<ruby>重要<rt>じゅうよう</rt></ruby>だ。

화장실 물 내리는 걸 깜빡하는 사람이 있다.
トイレの<ruby>水<rt>みず</rt></ruby>を<ruby>流<rt>なが</rt></ruby>し<ruby>忘<rt>わす</rt></ruby>れる<ruby>人<rt>ひと</rt></ruby>がいる。

욕실 청소를 하지 않으면 곰팡이가 핀다.
<ruby>風呂場<rt>ふろば</rt></ruby>の<ruby>掃除<rt>そうじ</rt></ruby>をしないと、カビが<ruby>生<rt>は</rt></ruby>える。

장소별 행동 ⑤ – 세탁실, 베란다, 창고

MP3 038

빨래하다, 세탁하다
洗濯する

세탁기를 돌리다
(세탁기로 빨다)
洗濯機で洗う

세탁물을 분류하다
洗濯物を分類する

흰 빨랫감과 색깔 있는
빨랫감을 분리하다
白物と色物を
分ける

세탁기에 빨래를 넣다
洗濯機に洗濯物を
入れる

세제/섬유유연제를 넣다
洗剤 / 柔軟剤を
入れる

세탁기에서 빨래를 꺼내다
洗濯機から洗濯物を
取り出す

빨랫줄/건조대에 빨래를 널다
物干し綱 / 物干しに
洗濯物を干す

빨래를 걷다
洗濯物を取り込む

건조기를 돌리다
乾燥機にかける

세탁조를 청소하다
洗濯槽を掃除する

SENTENCES TO USE

세탁기 덕분에 빨래하는 것이 편해졌다.
洗濯機のおかげで、洗濯することが楽になった。

흰 빨랫감과 색깔 있는 빨랫감을 분리해서 세탁해야 한다.
白物と色物を分けて洗濯しなければならない。

빨래가 끝나면 세탁기에서 빨래를 꺼내 주세요.
洗い終わったら、洗濯機から洗濯物を取り出してください。

그녀는 빨래를 걷으면 바로 갠다.
彼女は洗濯物を取り込んだら、すぐ畳む。

이 옷, 건조기에 돌려도 괜찮습니까?
この服、乾燥機にかけても大丈夫ですか。

식물/꽃/채소를 키우다
植物/花/野菜を育てる

식물/꽃/채소에 물을 주다
植物/花/野菜に水をあげる

베란다를 물청소하다
ベランダを水で掃除をする

베란다를 홈카페로 꾸미다
ベランダをホームカフェにする

＊ 베란다? 발코니?

우리나라의 아파트나 빌라에서 흔히 '베란다(veranda)'라고 부르는 공간은 대부분의 경우 '발코니(balcony)'라고 하는 게 더 적절하다. 베란다는 아래층과 위층의 면적 차이로 인해 생기는 공간을 말하기 때문이다.

벽장에 물건을 보관하다
クローゼットに物を保管する

벽장에 수납하다
クローゼットに収納する

벽장에 쌓아 두다
クローゼットに積み重ねる

벽장에서 꺼내다
クローゼットから取り出す

SENTENCES TO USE

우리 엄마는 베란다에서 식물을 많이 키운다.
うちの母はベランダで、植物をたくさん育てる。

나가기 전에 꽃에 물을 주렴.
出かける前に、お花に水をあげなさい。

나는 오늘 베란다를 물청소했다.
私は今日、ベランダを水で掃除をした。

벽장에는 평소에는 사용하지 않는 물건을 보관하고 있다.
クローゼットには、普段は使わない物を保管している。

더워져서 벽장에서 선풍기를 꺼냈다.
暑くなったので、クローゼットから扇風機を取り出した。

MP3 039

주차하다
ちゅうしゃ
駐車する

주차장에서 차를 빼다
ちゅうしゃじょう
駐車場から
くるま だ
車を出す

차고 문을 열다/닫다
とびら
ガレージの扉を
あ し
開ける / 閉める

손 세차를 하다
て あら せんしゃ
手洗い洗車を
する

바비큐 파티를 하다
バーベキュー
パーティーを
する

나무/꽃을 심다
き はな う
木 / 花を植える

텃밭에서 채소를 기르다
か ていさいえん や さい
家庭菜園で野菜を
そだ
育てる

텃밭에 비료를 주다
か ていさいえん
家庭菜園に
ひ りょう
肥料をやる

채소를 따다[뜯다]
や さい
野菜を
しゅうかく
収穫する

정원을 꾸미다
にわづく
庭作りをする

인공잔디를 깔다
じんこうしば し
人工芝を敷く

잔디를 깎다
しば か
芝刈りを
する

잡초를 뽑다
ざっそう
雑草を
ぬ
抜く

SENTENCES TO USE

그는 항상 손 세차를 한다.
かれ て あら せんしゃ
彼はいつも手洗い洗車をする。

지난 토요일에 집 옥상에서 친구들과 바비큐 파티를 했다.
せんしゅう ど ようび いえ おくじょう ともだち
先週の土曜日に、家の屋上で友達とバーベキューパーティーをした。

그녀는 텃밭에서 여러 가지 채소를 기른다.
かのじょ か ていさいえん や さい そだ
彼女は家庭菜園で、いろいろな野菜を育てる。

가족이 함께 정원을 꾸몄다.
か ぞく にわづく
家族みんなで庭作りをした。

정원과 옥상에 인공잔디를 깔았다.
にわ おくじょう じんこうしば し
庭と屋上に人工芝を敷いた。

7 집 청소, 기타 집안일

 MP3 040

집 청소

집을 청소하다
家の掃除を
する

청소기를 돌리다
掃除機をかける

청소기를 충전하다
掃除機を
充電する

빗자루로 쓸다
ほうきで掃く

낙엽을 갈퀴로
긁어모으다
落ち葉を
熊手で
かき集める

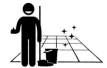

바닥을 대걸레질하다
床をモップで
拭く

걸레로 닦다
雑巾で拭く

대걸레/걸레를 빨다
モップ/雑巾を
洗う

돌돌이로 먼지를 제거하다
粘着ローラーで
ほこりを取り除く

창틀 청소를 하다
窓枠の
掃除をする

욕실 청소를 하다
風呂場の
掃除をする

옷장/서랍을 정리하다
たんす/引き出しを
整理する

신발장을 정리하다
下駄箱を整理する

SENTENCES TO USE

이틀에 한 번은 청소기를 돌리려고 하고 있다.
2日に一度は掃除機をかけようとしている。

그는 마당의 낙엽을 갈퀴로 긁어모았다.
彼は庭の落ち葉を熊手でかき集めた。

바닥을 대걸레로 닦아야 합니다.
床をモップで拭かなければなりません。

걸레로 탁자와 책상 위를 닦아 주세요.
雑巾でテーブルと机の上を拭いてください。

돌돌이로 머리카락이나 먼지를 제거했다.
粘着ローラーで髪の毛やほこりを取り除いた。

쓰레기통을 비우다

ゴミ箱を
空^{から}にする

쓰레기를 분류하다

ゴミを
分別^{ぶんべつ}する

쓰레기를 내놓다

ゴミを出^だす

재활용 쓰레기를 분류해서 버리다

資源^{しげん}ゴミを
分別^{ぶんべつ}して捨^すてる

그 외의 집안일

일주일치 식단을 짜다

一週間分^{いっしゅうかんぶん}の
献立^{こんだて}を立^たてる

장보기 목록을 작성하다

買^かい物^{もの}リストを
作成^{さくせい}する

장을 보다

買^かい物^{もの}をする

식료품 장을 보다

食料品^{しょくりょうひん}の買^かい物^{もの}をする

다림질하다

アイロンをかける

반려동물을 돌보다

ペットの世話^{せわ}をする

SENTENCES TO USE

방 쓰레기통 좀 비워 줄래?

部屋^{へや}のゴミ箱^{ばこ}を空^{から}にしてくれる?

쓰레기 수거장에 쓰레기 좀 내놔 줘.

ゴミ置^おき場^ばにゴミを出^だして。

그녀는 항상 장보러 가기 전에 장보기 목록을 작성한다.

彼女^{かのじょ}はいつも買^かい物^{もの}に行^いく前^{まえ}に、買^かい物^{もの}リストを作成^{さくせい}する。

퇴근길에 슈퍼에서 식료품 장을 보았다.

仕事帰^{しごとがえ}りにスーパーで食料品^{しょくりょうひん}の買^かい物^{もの}をした。

집안일 중에서 다림질하는 것이 제일 어렵다.

家事^{かじ}の中^{なか}でアイロンをかけることが一番難^{いちばんむずか}しい。

8 가전제품 사용

(가전제품을) 설치하다
(家電製品を)
設置する

전등[불]을 켜다/끄다
電気を
つける / 消す

컴퓨터 전원을 켜다/끄다
パソコンの
電源を入れる / 切る

TV를 켜다/끄다
テレビを
つける / 消す

TV 채널을 돌리다[바꾸다]
テレビの
チャンネルを変える

TV 볼륨을 키우다/줄이다
テレビの音量を
上げる / 下げる

냉장고 문을 열다/닫다
冷蔵庫のドアを
開ける / 閉める

냉장고의 온도를 조절하다
冷蔵庫の温度を
調節する

인덕션을 켜다/끄다
IHクッキングヒーターを
つける / 消す

인덕션의 온도를 조절하다
IHクッキングヒーターの
温度を調節する

주방 후드를 켜다/끄다
キッチンフードを
つける / 消す

SENTENCES TO USE

집을 나올 때는 반드시 불을 꺼 주세요.
家を出る時は、必ず電気を消してください。

남편은 누워서 TV 채널을 계속해서 바꾸고 있다.
夫は横になって、テレビのチャンネルをコロコロ変えている。

시끄러우니까, TV 볼륨 좀 줄여 줘.
うるさいから、テレビの音量下げて。

냉장고 문을 열었으면, 빨리 닫으세요.
冷蔵庫のドアを開けたら、早く閉めなさい。

냉장고 온도를 조금 조절해야 합니다.
冷蔵庫の温度を少し調節しなければなりません。

UNIT 8

전자레인지에 데우다
電子レンジで
温める

정수기로 물을 받다
浄水器で
水を注ぐ

전기 주전자로
물을 끓이다
電気ポットで
お湯を沸かす

에어프라이어로
음식을 만들다
ノンフライヤーで
料理を作る

에어컨 온도를 내리다(세게 틀다)
エアコンの温度を下げる

에어컨을 켜다/끄다
エアコンを
つける / 消す

에어컨 온도를 올리다(약하게 틀다)
エアコンの温度を上げる

선풍기를 켜다/끄다
扇風機をつける / 消す

보일러를 켜다/끄다
ボイラー を
つける / 消す

보일러/난방기 온도를 올리다(세게 틀다)
ボイラー / ヒーターの温度を上げる

보일러/난방기 온도를 내리다(약하게 틀다)
ボイラー / ヒーターの温度を下げる

난방기를 켜다/끄다
ヒーターをつける / 消す

SENTENCES TO USE

전자레인지에 3분 정도 데워서 먹으면 맛있어요.
電子レンジで3分ほど温めて食べるとおいしいよ。

에어프라이어로 튀김 만들어 봤어요?
ノンフライヤーで天ぷらを作ってみましたか。

더워요. 에어컨 온도를 내려 주세요.
暑いです。エアコンの温度を下げてください。

선풍기를 켠 채로 자면 안 됩니다.
扇風機をつけっぱなしで寝てはいけません。

실내가 덥네요. 난방기 온도를 조금 내려 주세요.
室内が暑いですね。ヒーターの温度を少し下げてください。

가습기를 틀다/끄다

加湿器を
つける/消す

제습기를 틀다/끄다

除湿機を
つける/消す

공기청정기를 틀다/끄다

空気清浄機を
つける/消す

헤어드라이어로 머리를 말리다

ヘアドライヤーで
髪の毛を乾かす

(가전제품을) 렌탈하다

(家電を) レンタルする

출장 수리 서비스/AS를 신청하다

出張修理サービス/
アフターサービスを申し込む

출장 수리 서비스를 받다

出張修理サービスを受ける

(가전제품의) 수리를 받다

(家電を) 修理してもらう

폐가전제품 수거를 신청하다

廃家電の引き取りを
申し込む

SENTENCES TO USE

겨울에는 실내가 건조하기 때문에 가습기를 틀어야 한다.
冬は室内が乾燥しているから、加湿器をつけなければならない。

공기청정기를 24시간 켜둔 채로 있어서, 전기요금이 걱정된다.
空気清浄機を24時間つけっぱなしにしていて、電気代が気になる。

정수기는 렌탈해서 쓰고 있습니다.
浄水器はレンタルして使っています。

냉장고가 고장나서 출장 수리 서비스를 받았다.
冷蔵庫が故障して、出張修理サービスを受けた。

보증기간 내여서, 무료로 수리를 받았다.
保証期間内なので、無料で修理してもらった。

9 집 관리, 집수리, 인테리어

MP3 042

집을 수리하다[보수하다]
家を修理する

집을 개조하다 (다른 형태로 만들다)
家を改造する

집을 리모델링하다
(도배, 페인트칠 등을 새로 하다)
家をリフォームする

집수리 견적서를 받다
家の修理の見積書をもらう

거실을 확장하다
リビングを拡張する

베란다에 인조잔디를 깔다
ベランダに人工芝を敷く

SENTENCES TO USE

침수된 집을 수리합니다.
浸水した家を修理します。

집을 리모델링한 후에 파는 것이 좋나요?
家をリフォームしてから、売った方がいいですか。

집수리 견적서를 받아서, 내용을 꼼꼼하게 확인했다.
家の修理の見積書をもらって、内容を細かく確認した。

그의 아파트는 거실을 확장해서, 거실이 매우 넓다.
彼のアパートはリビングを拡張して、リビングがとても広い。

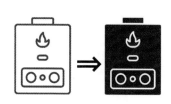

단열 공사를 하다
断熱工事をする

보일러를 교체하다
ボイラーを交換する

옥상/지붕을 방수 처리하다
屋上 / 屋根を防水処理する

마루(플로링)를 새로 깔다
フローリングを張り替える

(방) 도배를 새로 하다
(部屋の) 壁紙を張り替える

SENTENCES TO USE

집을 쾌적하게 하기 위해서, 단열 공사를 하기로 했다.
家を快適にするために、断熱工事をすることにした。

보일러가 고장나서 교체해야 한다.
ボイラーが故障して、交換しなければならない。

비가 새서, 10년 만에 옥상을 방수 처리했다.
雨漏りして、10年ぶりに屋上を防水処理した。

마루를 새로 깔 경우, 비용은 어느 정도 들까요?
フローリングを張り替える場合、費用はどのくらいかかりますか。

이사 전에 도배를 새로 했습니다.
引っ越しの前に、壁紙を張り替えました。

장판을 새로 깔다

クッションフロアを
張（は）り替（か）える

벽난로를 설치하다

暖炉（だんろ）を設置（せっち）する

수도 배관을 교체하다

水道（すいどう）の配管（はいかん）を交換（こうかん）する

창틀/새시를 교체하다

窓枠（まどわく）/サッシを交換（こうかん）する

욕실 타일을 교체하다

浴室（よくしつ）タイルを張（は）り替（か）える

욕조를 설치하다

浴槽（よくそう）を設置（せっち）する

욕조를 뜯어내고
샤워부스를 설치하다

浴槽（よくそう）を取（と）り外（はず）して
シャワーブースを設置（せっち）する

샤워 헤드를 교체하다

シャワーヘッドを
交換（こうかん）する

곰팡이를 제거하다

かびを除去（じょきょ）する

SENTENCES TO USE

우리 집에도 벽난로를 설치할 수 있나요?

わが家（や）にも暖炉（だんろ）を設置（せっち）することができますか。

창틀을 교체하는 것만으로, 실내가 따뜻해집니다.

窓枠（まどわく）を交換（こうかん）するだけで、室内（しつない）が暖（あたた）かくなります。

노송나무 욕조를 설치하고 싶다.

ヒノキの浴槽（よくそう）を設置（せっち）したい。

이 세제로 타일에 생긴 곰팡이를 제거할 수 있어요.

この洗剤（せんざい）で、タイルに生（は）えたカビを除去（じょきょ）することができます。

전구를 갈다
でんきゅう こうかん
電球を交換する

거울을 바꿔 달다
かがみ こうかん
鏡を交換する

LED등으로 교체하다
エルイーディーしょうめい こうかん
ＬＥＤ照明に交換する

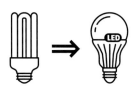

형광등을 LED등으로 교체하다
けいこうとう エルイーディーしょうめい こうかん
蛍光灯をLED照明に交換する

문고리를 바꿔 달다
こうかん
ドアノブを交換する

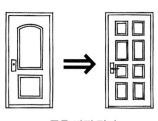

문을 바꿔 달다
こうかん
ドアを交換する

SENTENCES TO USE

세면대 거울을 바꿔 달았다.
せんめんだい かがみ こうかん
洗面台の鏡を交換した。

전구를 가는 것 정도는 간단해요.
でんきゅう こうかん かんたん
電球を交換することぐらいは簡単ですよ。

형광등을 LED등으로 교체하면, 전기 요금을 줄일 수 있습니다.
けいこうとう エルイーディーしょうめい こうかん でんきだい やす
蛍光灯をLED照明に交換すると、電気代を安くすることができます。

그는 직접 화장실 문고리를 바꿔 달았다.
かれ じぶん こうかん
彼は自分でトイレのドアノブを交換した。

CHAPTER

5

건강 & 질병

けん こう　　びょう き
健康&病気

생리현상

눈물을 흘리다
涙を流す

눈곱이 끼다
目やにが出る

하품하다
あくびをする

배에서 꼬르륵 소리가 나다
お腹が
グーグーと鳴る

딸꾹질하다
しゃっくりをする

기침하다
咳をする

재채기하다
くしゃみをする

트림하다
げっぷする

방귀 뀌다
おならをする

땀을 흘리다
汗をかく

식은땀을 흘리다
冷や汗をかく

콧물이 나오다
鼻水が出る

SENTENCES TO USE

콘택트렌즈를 끼고 있어서 눈곱이 많이 낀다.
コンタクトレンズを使っていて、目やにがたくさん出る。

지루해서 하품을 했다.
退屈であくびをした。

고양이도 딸꾹질을 해요.
猫もしゃっくりをしますよ。

그는 감기에 걸려 기침을 하고 있다.
彼は風邪をひいて、咳をしている。

땀을 많이 흘려서 샤워를 했다.
汗をたくさんかいて、シャワーを浴びた。

오줌을 누다   소변을 보다

おしっこをする   小便をする

똥을 누다   대변을 보다

うんこをする   大便をする

생리 중이다

生理中だ

생리통이 있다

生理痛がある

생리전증후군으로
고생하다

月経前症候群で苦しむ

혈압이 올라가다

血圧が上がる

혈압이 내려가다

血圧が下がる

목이 마르다, 갈증이 나다

喉が渇く

졸리다

眠い

졸음이 쏟아지다

やたらに眠い

눈이 감기다

目が閉じる

SENTENCES TO USE

엄마, 나 쉬하고 올게.

お母さん、私、おしっこしてくる。

생리 중이라서 컨디션이 좀 나쁘다.

生理中だから、体調がちょっと悪い。

당뇨병이 있으면, 목이 잘 마릅니다.

糖尿病があると、喉がよく渇きます。

나는 두통이 있으며, 혈압이 내려갑니다.

私は頭痛があると、血圧が下がります。

자도 자도 졸음이 쏟아진다.

寝ても寝ても、やたらに眠い。

MP3 044

아프다
痛い

통증이 있다
痛みがある

통증을 견디다
痛みに耐える

두통/복통/요통/치통/생리통이 있다
頭痛 / 腹痛 / 腰痛 /
歯痛[歯の痛み] / 生理痛がある

어깨가 결리다[뻐근하다]
肩が凝る

목이 아프다
喉が痛い

목이 뻣뻣하다[뻐근하다]
首が凝る

눈이 따끔거리다
目がチクチクする

눈이 간지럽다
目がかゆい

코가 막히다
鼻が詰まる

입술이 트다[갈라지다]
唇が荒れる

SENTENCES TO USE

다리가 아파서 더는 못 걷는다.　　足が痛くて、もう歩けない。

편두통이 있어서, 약을 먹었다.　　片頭痛があって、薬を飲んだ。

컴퓨터를 오래 사용했더니 어깨가 결려 버렸다.　　パソコンを長く使っていたので、肩が凝ってしまった。

알레르기로 눈이 간지럽다.　　アレルギーで、目がかゆい。

겨울이 되면 건조해서 입술이 튼다.　　冬になると、乾燥して唇が荒れる。

(손발이) 저리다
(手足が) しびれる

다리/관절/무릎이 쑤시다
足/関節/膝がうずく

다리에 쥐가 나다
足がつる

약을 먹다
薬を飲む

약을 복용하다
薬を服用する

알약/물약/가루약을 먹다
錠剤/水薬/粉薬を飲む

진통제/감기약/소화제/항생제/수면제를 복용하다
痛み止め/風邪薬/消化剤/抗生剤/
睡眠薬を服用する

SENTENCES TO USE

손발이 저리는 원인은 무엇입니까?
手足がしびれる原因は何ですか。

잘 때 다리에 쥐가 났다.
寝ている時、足がつった。

약은 미지근한 물로 드세요.
薬はぬるま湯で飲んでください。

나는 가루약을 먹는게 힘들다.
私は粉薬を飲むのが苦手だ。

수면제를 복용할 때는 술은 마시지 마세요.
睡眠薬を服用する際には、お酒は飲まないでください。

다치다
怪我をする

피가 나다
血が出る

무릎이 까지다
膝が擦り剝ける

치료를 받다
治療を受ける

치료하다
治療する

상처를 소독하다
傷口を消毒する

연고를 바르다
塗り薬を塗る

반창고(밴드)를 붙이다
絆創膏を貼る

SENTENCES TO USE

그는 넘어져서 다리를 다쳤다.
彼は転んで足の怪我をした。

남동생은 운동장에서 넘어져서 무릎이 까졌다.
弟は運動場で転んで膝が擦り剝けた。

그녀는 허리 통증 치료를 받고 있다.
彼女は腰痛の治療を受けている。

그는 상처에 연고를 바르고 반창고를 붙였다.
彼は傷口に塗り薬を塗って絆創膏を貼った。

붕대를 감다
包帯を巻く

깁스를 하다
ギプスをする[はめる]

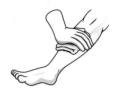

지혈하다
血を止める

냉찜질하다
冷湿布をする

온찜질하다
温湿布をする

침을 맞다
鍼を打ってもらう

지압을 받다
指圧を受ける

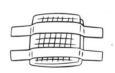

상처를 거즈로 덮다
傷口をガーゼで覆う

고름을 짜다
膿を出す[潰す]

SENTENCES TO USE

그녀는 발목이 골절돼서 깁스를 했다.
彼女は足首を骨折してギプスをした。

먼저 상처를 눌러 지혈해 주세요.
まず、傷口を押さえて血を止めてください。

부어 있는 부위에는 냉찜질을 하면 좋다.
腫れている部位には冷湿布をするといい。

그녀는 허리가 아프면 침을 맞는다.
彼女は腰が痛いと、鍼を打ってもらう。

딱지를 떼다
かさぶたを剥がす

~바늘 꿰매다
~針縫う

상처를 봉합하다
傷口を縫合する

흉터가 남다
傷跡が残る

손목/발목을 삐다
手首/足首を捻る

뼈가 부러지다
骨が折れる

응급 처치를 받다
応急手当を受ける

인공호흡을 하다
人工呼吸をする

심폐소생술을 실시하다
心肺蘇生を行う

SENTENCES TO USE

피부가 찢어져서, 열 바늘 꿰맸습니다.
皮膚が裂けて、10針縫いました。

어릴 때 생긴 흉터가 아직 남아 있다.
子供の頃できた傷跡がまだ残っている。

구급차 안에서 응급 처치를 받았다.
救急車の中で応急手当を受けた。

호흡이 없으면, 인공호흡을 해야 한다.
呼吸がなければ、人工呼吸をしなければならない。

병원 – 진료, 검사

MP3 045

병원에 진료 예약을 하다
びょういん しんりょう よ やく
病院に診療予約をする

진료/치료를 받다
しんりょう ち りょう う
診療 / 治療を受ける

체온을 재다
たいおん はか
体温を測る

혈압을 재다
けつあつ はか
血圧を測る

맥박을 재다
みゃくはく はか
脈拍を測る

채혈하다
さいけつ
採血する

혈액 검사를 받다
けつえきけん さ う
血液検査を受ける

소변 검사를 받다
にょうけん さ う
尿検査を受ける

엑스레이를 찍다
と
レントゲンを撮る

SENTENCES TO USE

처음 진료를 받는 분은 이 문진표를 작성해 주세요.
はじ しんりょう う かた もんしんひょう さくせい
初めて診療を受ける方は、この問診票を作成してください。

그는 혈압약을 먹기 시작한 후로 매일 혈압을 재고 있다.
かれ けつあつ くすり の はじ まいにちけつあつ はか
彼は血圧の薬を飲み始めてから、毎日血圧を測っている。

맥박을 재 보았더니, 1분에 90회 전후였다.
みゃくはく はか いっぷんかん きゅうじゅっかいぜん ご
脈拍を測ってみたら、1分間に90回前後だった。

오늘 병원에서 혈액 검사와 소변 검사를 받았다.
きょう びょういん けつえきけん さ にょうけん さ う
今日、病院で血液検査と尿検査を受けた。

초음파 검사를 받다
超音波検査を受ける

복부/유방 초음파 검사를 받다
腹部 / 乳房超音波検査を受ける

유방 X선 촬영을 하다
乳房 X 線撮影をする,
マンモグラフィー
撮影をする

자궁 경부암 검사를 받다
子宮頸癌の検査を受ける

심전도 검사를 받다
心電図検査を受ける

CT 검사를 받다
ＣＴ検査を
受ける

MRI 검사를 받다
ＭＲＩ検査を
受ける

SENTENCES TO USE

나는 1년에 한 번은 유방 초음파 검사를 받는다.
私は年に1度は、乳房超音波検査を受ける。

유방 X선 촬영은 유방을 압박해서 촬영하기 때문에 다소 통증이 동반된다.
乳房Ｘ線撮影は、乳房を圧迫して撮影するので、多少の痛みが伴う。

심전도 검사도 정기적으로 받도록 해 주세요.
心電図検査も定期的に受けるようにしてください。

그는 두통이 심해서 두부 MRI 검사를 받았다.
彼は頭痛がひどくて、頭部ＭＲＩ検査を受けた。

위 내시경 검사를 받다
胃内視鏡検査を受ける、
胃カメラ検査を受ける

대장 내시경 검사를 받다
大腸内視鏡検査を
受ける

용종을 떼어내다
ポリープを
切除する

조직 검사를 받다
病理組織
検査を受ける

분변 검사를 하다
糞便検査を
受ける

B형 간염 검사를 받다
B型肝炎ウイルス
検査を受ける

치과 검진을 받다
歯科検診を
受ける

시력/청력 검사를 하다
視力/聴力
検査をする

진단받다
診断される

(약을) 처방받다
(薬を)
処方される

주사를 맞다
注射を
打ってもらう

예방 접종을 하다 /
백신을 맞다
予防接種をする /
ワクチンを打つ

정기 검진을 받다
定期検診を
受ける

SENTENCES TO USE

위 내시경 검사는 적어도 2년에 한 번은 받아야 한다.
胃内視鏡検査は、少なくとも2年に1度は受けなければならない。

그는 40대 초반에 고혈압으로 진단받았다.
彼は40代前半に高血圧と診断された。

나는 어제 신종 코로나 바이러스 백신을 맞았다.
私は昨日、新型コロナウイルスワクチンを打った。

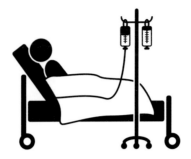

입원하다
にゅういん
入院する

입원 중이다
にゅういんちゅう
入院中だ

입원 수속을 하다
にゅういん て つづ
入院の手続きをする

수술 날짜를 잡다
しゅじゅつ び き
手術日を決める

수술 동의서에 서명하다
しゅじゅつどう い しょ しょめい
手術同意書に署名する

수술 전 주의 사항을 듣다
しゅじゅつまえ ちゅう い じ こう き
手術前の注意事項を聞く

금식하다
だんじき
断食する

수술실로 옮겨지다
しゅじゅつしつ はこ
手術室に運ばれる

SENTENCES TO USE

그는 폐암으로 입원했다.

かれ はい にゅういん
彼は肺がんで入院した。

의사와 상담해서 수술 날짜를 잡았다.

い しゃ そうだん しゅじゅつ び き
医者と相談して、手術日を決めた。

수술하기 전에 12시간은 금식해야 한다.

しゅじゅつ う まえ じゅうに じ かん だんじき
手術を受ける前に12時間は断食しなければならない。

마취가 되다
麻酔が利く

마취에서 깨어나다
麻酔から覚める

수술을 받다
手術を受ける

개복[가슴 절개] 수술을 받다
開胸手術を受ける

복강경 수술을 받다
腹腔鏡手術を受ける

내시경 수술을 받다
内視鏡手術を受ける

SENTENCES TO USE

나는 수술 후 회복실에서 마취에서 깨어났다.

私は手術後、回復室で麻酔から覚めた。

그녀는 작년 봄에 위암 수술을 받았다.

彼女は去年の春に、胃がんの手術を受けた。

복강경 수술은 개복 수술보다 회복이 빠르다.

腹腔鏡手術は、開胸手術より回復が早い。

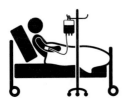

수혈하다
ゆけつ
輸血する

일반 병실로 옮겨지다
いっぱんびょうしつ
一般病室に
はこ
運ばれる

수혈을 받다
ゆけつ　う
輸血を受ける

수술 후 회복실로 옮겨지다
しゅじゅつ ご かいふくしつ　はこ
手術後回復室に運ばれる

수술 후 회복하다
しゅじゅつ ご かいふく
手術後回復する

혼수상태에 빠지다
こんすいじょうたい　おちい
昏睡状態に陥る

수술 후에 실밥을 제거하다
しゅじゅつ ご ばっし
手術後抜糸する

수술 후 가스를 배출하다
しゅじゅつ ご　だ
手術後ガスを出す

SENTENCES TO USE

그 환자는 수술 중에 수혈을 받아야 했다.
かんじゃ　　しゅじゅつちゅう　ゆけつ　う
その患者は、手術中に輸血を受けなければならなかった。

그는 치질 수술을 받고 일반 병실로 옮겨졌다.
かれ　じ　しゅじゅつ　う　　いっぱんびょうしつ　はこ
彼は痔の手術を受けて、一般病室に運ばれた。

그 환자는 긴급 수술 중에 혼수상태에 빠졌다.
かんじゃ　　きんきゅうしゅじゅつちゅう　こんすいじょうたい　おちい
その患者は、緊急手術中に昏睡状態に陥った。

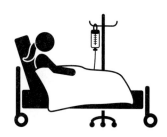

정맥 주사를 맞다
静脈注射を打ってもらう

링거를 맞다
点滴を打ってもらう

약을 복용하다
薬を服用する

퇴원 수속을 밟다
退院の手続きをする

퇴원하다
退院する

보험회사에 제출할 서류를 발급받다
保険会社に提出する書類を発給してもらう

다음 진료 일시를 예약하다
次回の診療日時を予約する

SENTENCES TO USE

나는 입원 중 내내 정맥 주사를 맞았다.
私は入院中ずっと、静脈注射を打ってもらった。

피로가 풀리지 않을 때는 비타민 링거를 맞는다.
疲れが取れない時は、ビタミン点滴を打ってもらう。

약은 식후에 복용해 주세요.
薬は食後に服用してください。

그녀는 2개월간 입원하고 어제 퇴원했다.
彼女は2ヶ月間入院して、昨日退院した。

MP3 **047**

다이어트를 시작하다
ダイエットを
始(はじ)める

다이어트하다
ダイエットする

체중을 감량하다
体重(たいじゅう)を減(へ)らす

식사 제한을 하다
食事(しょくじ)制限(せいげん)を
する

소식하다
小食(しょうしょく)にする

저녁을 굶다
夕食(ゆうしょく)を抜(ぬ)く

1일 1식을 하다
一日一食(いちにちいっしょく)に
する

1일 1식 다이어트를 하다
一日一食(いちにちいっしょく)
ダイエットをする

거식증에 걸리다
拒食症(きょしょくしょう)になる

저탄고지 다이어트를 하다
低炭高脂(ていたんこうし)
ダイエットをする

원푸드 다이어트를 하다
ワンフード
ダイエットをする

간헐적 단식을 하다
間欠的断食(かんけつてきだんじき)を
する

한약으로 살을 빼다
漢方薬(かんぽうやく)で痩(や)せる

SENTENCES TO USE

그 배우는 1년 내내 다이어트하고 있다.

その俳優(はいゆう)は、1年中(いちねんじゅう)ダイエットしている。

체중을 감량하기 위해 야식을 끊었다.

体重(たいじゅう)を減(へ)らすため、夜食(やしょく)をやめた。

그는 1일 1식을 해서 5kg 뺐다고 한다.

彼(かれ)は一日一食(いちにちいっしょく)にして、5キロ痩(や)せたそうだ。

저탄고지 다이어트를 하는 사람이 많다고 한다.

低炭高脂(ていたんこうし)ダイエットをする人(ひと)が多(おお)いそうだ。

원푸드 다이어트는 건강에 좋지 않다.

ワンフードダイエットは健康(けんこう)によくない。

식욕 억제제를
복용하다
食欲抑制剤を
服用する

지방흡입술을 받다
脂肪吸引の手術を
受ける

치팅 데이를 갖다
チートデイを
行う

요요 현상이 오다
リバウンドする

꾸준히 운동하다
根気強く運動する

땀복을 입고 운동하다
サウナスーツを着て運動する

유산소 운동을 하다
有酸素運動をする

규칙적으로 운동하다
規則的に運動する

체중을 재다
体重を計る

BMR - Basal
Metabolic Rate

신진대사를 촉진하다
新陳代謝を
促進する

기초 대사율을 높이다
基礎代謝量を高める

근육량을 늘리다
筋肉量を高める

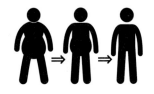
체지방을 줄이다
体脂肪を減らす

SENTENCES TO USE

그녀는 복부 지방흡입술을 받았다.
彼女は腹部の脂肪吸引の手術を受けた。

그녀는 다이어트 중이라, 주 1회 치팅 데이를 가져서 그날 먹고 싶은 걸 먹는다.
彼女はダイエット中なので、週1回チートデイを行い、その日食べたいものを食べる。

다이어트 후, 1개월은 요요현상이 오기 쉬우므로 주의하세요.
ダイエット後、一ヶ月はリバウンドしやすいので、注意してください。

살을 빼려면 유산소 운동을 해야 한다.
痩せるためには、有酸素運動をしなければならない。

MP3 048

사고로/병으로/늙어서 죽다
事故で / 病気で / 老いて死ぬ

고독사하다
孤独死する

죽다
死ぬ

돌아가다(죽다)
亡くなる

세상을 떠나다
世を去る

자살하다
自殺する

스스로 목숨을 끊다
自ら命を絶つ

시신을 영안실에 안치하다
遺体を安置室[霊安室]に安置する

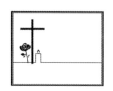

부고를 내다
訃報を出す

죽음을 알리다
死を知らせる

시신을 염습하다
遺体に死化粧をする

SENTENCES TO USE

그의 아버지는 작년에 병원에서 돌아가셨습니다.
彼のお父さんは、昨年病院で亡くなりました。

알베르 카뮈는 46세에 교통사고로 이 세상을 떠났다.
アルベール・カミュは、４６歳の時に交通事故でこの世を去った。

그 나라에서는 작년에 고독사한 사람이 3,159명에 달했다.
その国では昨年、孤独死した人が3,159人に達した。

작년에 그 나라에서는 하루에 약 36명이 스스로 목숨을 끊었다.
昨年その国では、1日に約36人が自ら命を絶った。

입관하다
<ruby>入棺<rt>にゅうかん</rt></ruby>する

장례식을 치르다
<ruby>葬式<rt>そうしき</rt></ruby>を<ruby>行<rt>おこな</rt></ruby>う

조문객을 맞이하다
<ruby>弔問客<rt>ちょうもんきゃく</rt></ruby>を<ruby>迎<rt>むか</rt></ruby>える

조문하다, 조의를 표하다
お<ruby>悔<rt>く</rt></ruby>やみの<ruby>言葉<rt>ことば</rt></ruby>を<ruby>伝<rt>つた</rt></ruby>える

조의금을 전달하다
<ruby>香典<rt>こうでん</rt></ruby>を<ruby>渡<rt>わた</rt></ruby>す

조의 화환을 보내다
<ruby>供花<rt>くげ</rt></ruby>を<ruby>送<rt>おく</rt></ruby>る

SENTENCES TO USE

그의 장례식은 불교식으로 치렀습니다.
<ruby>彼<rt>かれ</rt></ruby>の<ruby>葬式<rt>そうしき</rt></ruby>は<ruby>仏式<rt>ぶっしき</rt></ruby>で<ruby>行<rt>おこな</rt></ruby>いました。

고인의 부인과 어린 아들이 조문객을 맞이하고 있었다.
<ruby>故人<rt>こじん</rt></ruby>の<ruby>妻<rt>つま</rt></ruby>と<ruby>幼<rt>おさな</rt></ruby>い<ruby>息子<rt>むすこ</rt></ruby>が<ruby>弔問客<rt>ちょうもんきゃく</rt></ruby>を<ruby>迎<rt>むか</rt></ruby>えていた。

조의를 표하고 조의금을 전달했습니다.
お<ruby>悔<rt>く</rt></ruby>やみの<ruby>言葉<rt>ことば</rt></ruby>を<ruby>伝<rt>つた</rt></ruby>えて、<ruby>香典<rt>こうでん</rt></ruby>を<ruby>渡<rt>わた</rt></ruby>しました。

그 언론인의 아버지 장례식에 많은 정치가들이 조의 화환을 보냈다.
そのジャーナリストの<ruby>父<rt>ちち</rt></ruby>の<ruby>葬式<rt>そうしき</rt></ruby>に<ruby>多<rt>おお</rt></ruby>くの<ruby>政治家<rt>せいじか</rt></ruby>が<ruby>供花<rt>くげ</rt></ruby>を<ruby>送<rt>おく</rt></ruby>った。

발인하다
出棺する
（しゅっかん）

영정 사진을 들다
遺影写真を持つ
（い えいしゃしん も）

관을 운구차에 싣다
棺を霊柩車に乗せる
（ひつぎ れいきゅうしゃ の）

시신을 매장하다
遺体を土葬する
（い たい ど そう）

시신을 화장하다
遺体を火葬する
（い たい か そう）

유골함을 들다
骨壺を持つ
（こつつぼ も）

유골을 납골당에 안치하다
遺骨を納骨堂に安置する
（い こつ のうこつどう あん ち）

유골을 뿌리다
散骨する
（さんこつ）

수목장을 하다
樹木葬をする
（じゅもくそう）

사망 신고를 하다
死亡届を出す
（し ぼうとどけ だ）

SENTENCES TO USE

기독교나 이슬람교에서는 시신을 매장합니다.
キリスト教やイスラム教では、遺体を土葬します。
（きょう きょう い たい ど そう）

그의 시신은 화장한 후 납골당에 안치됐다.
彼の遺体は火葬した後、納骨堂に安置された。
（かれ い たい か そう あと のうこつどう あん ち）

요즘은 수목장을 원하는 사람이 많다고 한다.
最近は樹木葬を希望する人が多いそうだ。
（さいきん じゅもくそう き ぼう ひと おお）

제사를 지내다
祭祀を行う

추도식을 열다
追悼式を開く

추모제를 열다
追慕祭を開く

성묘를 하다
墓参りをする

성묘하러 가다
墓参りに行く

SENTENCES TO USE

제사는 절에서 지냅니다.
祭祀はお寺で行います。

오늘 그 사고 희생자 추모식이 열렸다.
今日、その事故の犠牲者追悼式が開かれた。

우리집은 매년 가족이 함께 성묘하러 갑니다.
うちは、毎年家族でお墓参りに行きます。

PART III

사회생활 속

행동 표현

CHAPTER

1

感情表現&人間関係

かんじょうひょうげん にんげんかんけい

기쁨의 눈물을 흘리다
嬉し涙を流す

열광하다
熱狂する

환호하다
歓呼する

환호하며 박수 치다
歓呼して拍手する

환호하며 맞이하다
歓呼して迎える

반기다
喜んで迎える

환대하다
歓待する

대접하다, 대우하다
もてなす

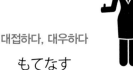

칭찬하다
褒める

반응하다
反応する

리액션하다
リアクションする

SENTENCES TO USE

그 선수는 금메달을 목에 걸고 기쁨의 눈물을 흘렸다.
その選手は、金メダルを首に掛けて嬉し涙を流した。

그 밴드가 무대에 등장하자 팬들은 열광했다.
そのバンドがステージに登場すると、ファンたちは熱狂した。

그는 찾아온 친구를 반갑게 맞았다.
彼は訪ねてきた友人を喜んで迎えた。

성적이 올라서 선생님께 칭찬받았다.
成績が上がって、先生に褒められた。

화내다
怒る,
腹を立てる

짜증내다
かんしゃくを
起こす

심술부리다
意地悪をする

눈을 마주치지 않다
目を合わせない

화를 벌컥 내다
急にカッとなる,
すぐ怒る

악을 쓰다
喚き立てる

(절망, 분노 등으로)
머리를 쥐어뜯다
頭を掻きむしる

하염없이 울다
さめざめと泣く

(화가 나서)
발을 구르다
地団駄を踏む

주먹으로 책상을 내리치다
こぶしで机を
叩き付ける

비난하다
責める

혼내다
とっちめる

욕하다
罵る

사과하다
謝る

SENTENCES TO USE

그녀는 그의 무책임한 행동에 화를 냈다.
彼女は彼の無責任な行動に腹を立てた。

아들은 게임에서 지면 짜증을 낸다.
息子はゲームで負けると、かんしゃくを起こす。

그녀가 아무 말 없이 하염없이 울었다.
彼女は何も言わず、さめざめと泣いた。

아이가 울부짖으며 발을 구르고 있다.
子供が泣き叫びながら、地団駄を踏んでいる。

친구를 비난해서는 안 됩니다.
友だちを責めてはいけません。

눈물을 흘리다
涙を流す

틀어박혀 나오지 않다
閉じこもる, 引きこもる

경청하다
傾聴する

위로하다
慰める

격려하다
励ます

배려하다
配慮する

아부하다, 아첨하다
へつらう

질투하다
やきもちを焼く

무시하다
無視する

얕보다, 업신여기다
馬鹿にする

경멸하다
軽蔑する

비웃다
あざ笑う

잘난 체하다, 우쭐하다
思い上がる,
もったいぶる,
気どる,
いい気になる

SENTENCES TO USE

아들은 학교에도 가지 않고, 자기 방에 틀어박혀 있다.
息子は学校にも行かず、自分の部屋に閉じこもっている。

그는 울고 있는 여자 친구를 다정하게 위로해 주었다. 彼は泣いている彼女を優しく慰めてくれた。

싸다고 해서 얕봐서는 안 돼요. 安いからと言って、馬鹿にしてはいけませんよ。

이겼다고 잘난 체하지 마! 勝ったと思い上がるな！

MP3 050

친해지다
親しくなる

사이좋게 지내다
仲良くする

어울려 다니다
(행동을 같이 하다)
付き合う

남녀가 사귀다
男女が付き合う

말다툼하다
口げんかする

싸우다
けんかする

사이가 멀어지다
仲違いする

냉대하다
冷遇する

화해하다
仲直りする

화해를 청하다
和解を求める

(A와 B 사이를) 이간질하다
(AとBの仲を) 引き裂く

SENTENCES TO USE

우리는 같은 회사에서 일하면서 친해졌다.
私たちは同じ会社で働きながら親しくなった。

나는 학교에서 같은 반 친구들과 사이좋게 지낸다.
私は学校で同じクラスの友達と仲良くする。

그녀는 오늘 남자 친구와 싸웠다.
彼女は今日、彼氏とけんかした。

그들이 사이가 멀어진 건 왜일까?
彼らが仲違いしたのは、なぜだろう。

그녀는 저 둘 사이를 이간질했다.
彼女はあの二人の仲を引き裂いた。

(~에게) 반하다
(~に) 惚れる

눈이 높다
目が高い

(~를) 좋아하다
(~のことが) 好きだ

(~에게) 마음이 있다
(~に) 気がある

(~와) 썸 타다
(호감이 있다)
(~と) 脈ありだ

데이트 신청을 하다
デートに誘う

데이트하다
デートする

밀당하다, 팅기다
駆け引きをする

사귀다
付き合う

헤어지다
別れる

다시 만나다
再会する

다시 사귀다
(원래 관계로 돌아가다)
復縁する

SENTENCES TO USE

나는 그에게 첫눈에 반했다.	私は彼に一目惚れした。
나는 밀당 같은 건 안 해.	私は駆け引きなんてしない。
지금 사귀는 사람은 없습니다.	今、付き合っている人はいません。
오래 사귄 남친과 헤어졌다.	長く付き合った彼と別れた。
전남친과 다시 사귀고 싶다.	元彼と復縁したい。

차이다   차다
振られる   振る

바람을 피우다
浮気をする

부부 싸움을 하다
夫婦げんかをする

약혼하다
婚約する

청혼하다, 프러포즈하다
プロポーズする

결혼하다
結婚する

이혼하다
離婚する

인연을 끊다
離縁する

SENTENCES TO USE

내가 차인 게 아니야, 찬 거야.
私が振られたんじゃない、振ったんだよ。

그가 바람을 피우다니, 믿을 수 없다.
彼が浮気をするなんて、信じられない。

어떤 프러포즈 받고 싶어요?
どんなプロポーズされたいんですか。

나는 다정한 사람과 결혼하고 싶다.
私は優しい人と結婚したい。

그녀는 3번 결혼하고, 3번 이혼했다.
彼女は3回結婚して3回離婚した。

2

일 & 직업

仕事&職業

しごと　　しょくぎょう

(~로) 통근하다
(~で) 通勤する

출근하다
出勤[出社]する

퇴근하다
退勤[退社]する

타임카드를 찍다
タイムカードを
タッチする

회의하다
会議をする

업무를 할당하다
業務を割り当てる

업무 보고를 하다
業務報告をする

서류 작업을 하다
書類作業をする

보고서를 작성하다
報告書を作成する

결재 서류를 올리다
決裁書を出す

기획서를 제출하다
企画書を提出する

프레젠테이션을 하다
プレゼンテーション
[プレゼン]をする

SENTENCES TO USE

나는 지하철로 통근한다.
私は地下鉄で通勤する。

오늘은 3시부터 회의합니다.
今日は、3時から会議をします。

신입에게 업무 내용을 가르치고, 업무를 할당했다.
新入りに業務内容を教えて、業務を割り当てた。

회의 전에 업무 보고서를 작성해야 한다.
会議の前に、業務報告書を作成しなければならない。

그는 그 기획안에 대해 프레젠테이션을 했다.
彼はその企画案について、プレゼンテーションをした。

거래처에 전화하다
取引先に
電話する

전화를 받다
電話に出る

전화를 돌리다/
연결하다
電話を回す /
繋ぐ

회사 인트라넷에
접속하다
会社の
イントラネットに
接続する

이메일을 확인하다
Eメールを
確認する

이메일을 보내다
Eメールを
送る

이메일에
답장을 보내다
Eメールに
返信する

팩스를 보내다/받다
ファックスを
送る / 受ける

프린터로 출력하다
プリンターで
出力する

복사하다
コピーする

고객을 만나다
顧客に会う

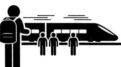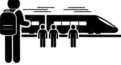

출장을 가다
出張する

해외 출장을 가다
海外出張する

상사에게 혼나다/깨지다
上司に叱られる /
怒られる

SENTENCES TO USE

거래처에 전화할 때는 항상 긴장된다.
取引先に電話する時は、いつも緊張する。

전화를 연결해드릴 테니, 잠시만 기다려 주세요.
お電話をお繋ぎいたしますので、少々お待ちください。

지금도 팩스를 보낼 때가 가끔 있다.
今もファックスを送ることがたまにある。

나는 이번 주에 오사카로 출장을 간다.
私は今週、大阪に出張する。

오늘도 또 상사에게 깨졌다.
今日もまた、上司に怒られた。

연차 휴가를 내다[쓰다]
有給休暇[有給]を取る

반차를 내다[쓰다]
半休を取る

병가를 내다[쓰다]
病気休暇を取る

휴가를 내다[쓰다]
休暇[休み]を取る

야근하다
残業をする

야근 수당을 받다
残業代をもらう

휴일에 근무하다
休日出勤する

회사에 지각하다
会社に遅刻する

시말서를 제출하다
始末書を提出する

SENTENCES TO USE

연차 휴가를 내서 해외여행 가고 싶다.
有給を取って、海外旅行に行きたい。

병원에 가기 위해 반차를 냈다.
病院に行くために、半休を取った。

야근하고, 야근 수당을 청구했다.
残業をして、残業代を請求した。

늦잠 자서, 회사에 지각했다.
寝坊して、会社に遅刻した。

이번 사건으로 그는 시말서를 제출했다.
今回の事件で、彼は始末書を提出した。

회식을 하다
<ruby>会食<rt>かいしょく</rt></ruby>をする

연봉 협상을 하다
<ruby>給与交渉<rt>きゅうよこうしょう</rt></ruby>をする

월급을 받다
<ruby>給料<rt>きゅうりょう</rt></ruby>をもらう

급여가 오르다
<ruby>昇給<rt>しょうきゅう</rt></ruby>する

급여가 깎이다
<ruby>減給<rt>げんきゅう</rt></ruby>する

SENTENCES TO USE

회식을 한다면, 점심 회식으로 하고 싶다.
会食をするなら、ランチ会食にしたい。

이직할 때 연봉 협상을 했습니다.
転職する時、給与交渉をしました。

나는 매달 25일에 월급을 받는다.
私は毎月、25 日に給料をもらう。

불경기로 급여가 깎였다.
不景気で減給された。

상여금을 받다
賞与をもらう

보너스를 받다
ボーナスをもらう

가불을 하다
前借りをする

재직증명서를 떼다
在職証明書を発行してもらう

신입사원을 모집하다
新入社員を募集する

신입사원을 채용하다
新入社員を採用する

신입사원을 교육시키다
新入社員教育を行う

수습 기간을 보내다
試用期間を設ける

전문성/직무 능력을 향상시키다
専門性 / 職務能力を高める

사직서를 내다
辞表を出す

SENTENCES TO USE

회사 매출이 올라서, 특별 보너스를 받았다.
会社の売上が上がり、特別ボーナスをもらった。

비자를 신청하기 위해, 재직증명서를 뗐다.
ビザを申請するため、在職証明書を発行してもらった。

그 회사에서 신입사원을 모집하고 있다.
その会社で新入社員を募集している。

신입사원은 3개월의 수습 기간을 보낸다.
新入社員は、3ヶ月の試用期間を設ける。

후임자에게 업무를 인수인계하다

<ruby>後任者<rt>こうにんしゃ</rt></ruby>に<ruby>業務<rt>ぎょうむ</rt></ruby>を<ruby>引<rt>ひ</rt></ruby>き<ruby>継<rt>つ</rt></ruby>ぐ

퇴사하다

<ruby>退社<rt>たいしゃ</rt></ruby>する

승진하다

<ruby>昇進<rt>しょうしん</rt></ruby>する

이직하다

<ruby>転職<rt>てんしょく</rt></ruby>する

해고당하다

<ruby>首<rt>くび</rt></ruby>になる

퇴직하다   은퇴하다

<ruby>退職<rt>たいしょく</rt></ruby>する   <ruby>引退<rt>いんたい</rt></ruby>する

SENTENCES TO USE

후임자에게 업무 인수인계를 끝내는 대로 회사를 그만둡니다.

<ruby>後任者<rt>こうにんしゃ</rt></ruby>への<ruby>業務<rt>ぎょうむ</rt></ruby>の<ruby>引<rt>ひ</rt></ruby>き<ruby>継<rt>つ</rt></ruby>ぎが<ruby>終<rt>お</rt></ruby>わり<ruby>次第<rt>しだい</rt></ruby>、<ruby>会社<rt>かいしゃ</rt></ruby>を<ruby>辞<rt>や</rt></ruby>めます。

그녀는 지난달에 과장에서 부장으로 승진했다.

<ruby>彼女<rt>かのじょ</rt></ruby>は<ruby>先月<rt>せんげつ</rt></ruby>、<ruby>課長<rt>かちょう</rt></ruby>から<ruby>部長<rt>ぶちょう</rt></ruby>に<ruby>昇進<rt>しょうしん</rt></ruby>した。

해고당하기 전에 이직하고 싶다.

<ruby>首<rt>くび</rt></ruby>になる<ruby>前<rt>まえ</rt></ruby>に<ruby>転職<rt>てんしょく</rt></ruby>したい。

그는 교직을 은퇴하고, 바리스타가 되었다.

<ruby>彼<rt>かれ</rt></ruby>は<ruby>教職<rt>きょうしょく</rt></ruby>を<ruby>引退<rt>いんたい</rt></ruby>して、バリスタになった。

MP3 053

개점하다
開店する

폐점하다
閉店する

고객을 맞이하다
お客様を迎える

고객의 문의에 응대하다
お客様からの
問い合わせに対応する

주문을 받다
注文を受ける

(점원이) 상품을 계산하다
商品を会計する

상품을 박스 포장하다
商品を梱包する

고객의 요구에 응하다
お客様の要求に
応じる

번호/이름을 부르다
番号 / 名前を呼ぶ

주문을 취소하다
注文を
キャンセルする

포인트를 적립하다
ポイントを貯める

고객의 불만에 응대하다
お客様のクレームに
対応する

SENTENCES TO USE

오전 10시에 개점하고, 오후 9시에 폐점한다.
午前10時に開店し、午後9時に閉店する。

그 점원은 항상 웃는 얼굴로 고객을 맞이한다.
その店員は、いつも笑顔でお客様を迎える。

이 프로그램은 고객의 문의에 자동으로 응대하는 기능이 있다.
このプログラムは、お客様からの問い合わせに自動に応対する機能がある。

최근에는 스마트폰 어플로 포인트를 적립한다.
最近は、スマホアプリでポイントを貯める。

전화를 받다

電話に出る

콜센터에 전화하다

コールセンターに電話する

문의를 받다

問い合わせを受ける

담당자에게 전화를 돌리다

担当者に電話を回す

필요한 조치를 취하다

必要な措置を取る

통화 내용을 녹음하다

通話内容を録音する

SENTENCES TO USE

콜센터 상담원은 하루에 80건 이상의 전화를 받는다고 한다.

コールセンターの相談員は、1日に80件以上の電話に出るという。

고객에게 문의 메일을 받아서, 바로 답변 메일을 보냈습니다.

お客様からの問い合わせメールを受けて、すぐ返信しました。

그는 전화를 담당자에게 돌렸다.

彼は電話を担当者に回した。

제품이나 서비스 향상을 위해, 통화 내용을 녹음하고 있습니다.

製品やサービス向上のため、通話内容を録音させていただきます。

MP3 054

통근버스로 통근하다
通勤バスで通勤する

사원증을 찍다
社員証をタッチする

안전 점검을 하다
安全点検を行う

안전화를 신다
安全靴を履く

작업복으로 갈아입다
作業着に着替える

방진복을 착용하다
防塵服を着用する

에어 샤워를 하다
エアシャワーを浴びる

기계를 점검하다
機械を点検する

제품을 검수하다
製品を検収する

불량품을 잡아내다
不良品を見付ける

2교대/3교대 근무를 하다
2交代 / 3交代
勤務をする

SENTENCES TO USE

그는 통근버스로 통근하고 있다.
彼は通勤バスで通勤している。

그들은 사원증을 찍고 사무실에 들어간다.
彼らは社員証をタッチして、オフィスに入る。

작업 전에 작업복으로 갈아입고, 안전화를 신어 주세요.
作業の前に作業着に着替えて、安全靴を履いてください。

반도체 공장에서는 에어 샤워를 해야 한다.
半導体工場では、エアシャワーを浴びなければならない。

그들은 3교대 근무를 한다.
彼らは、3交代勤務をする。

午後9時

야근하다
残業をする
ざんぎょう

야간 근무를 하다
(근무 시간이 야간일 경우)
夜勤をする
や　きん

휴식 시간을 갖다
休憩を取る
きゅうけい　　と

구내식당에서 점심을 먹다
社員食堂で昼食を取る
しゃいんしょくどう　ちゅうしょく　と

공장 기숙사에서 생활하다
工場の寮で生活する
こうじょう　りょう　せいかつ

업무를 인계하다
業務を引き継ぐ
ぎょう む　ひ　つ

현장 시찰단을 안내하다
現場視察団を案内する
げん ば し さつだん　あんない

업무상 재해를 입다
業務災害に遭う
ぎょう む さいがい　あ

노조를 결성하다
労働組合を
ろうどうくみあい
結成する
けっせい

노사 협의가 결렬되다
労使交渉が
ろう し こうしょう
決裂する
けつれつ

파업하다
ストライキをする

SENTENCES TO USE

이번 주는 늦게까지 야근해야 한다.
今週は、遅くまで残業をしなければならない。
こんしゅう　　あそ　　ざんぎょう

나는 구내식당에서 아침과 점심을 먹는다.
私は社員食堂で朝食と昼食を取る。
わたし　しゃいんしょくどう　ちょうしょく　ちゅうしょく　と

그녀는 공장 기숙사에서 생활하고 있다.
彼女は工場の寮で生活している。
かのじょ　こうじょう　りょう　せいかつ

노사 협의가 결렬되어 노동자들은 파업했다.
労使交渉が決裂し、労働者たちはストライキをした。
ろう し こうしょう　けつれつ　　ろうどうしゃ

4 농업, 수산업

농업

농사를 짓다
農業を営む

경운기/트랙터로 땅을 갈아엎다
耕運機/トラクターで
土を掘り返す

논에 물을 대다
田んぼに
水を引く

모판을 준비하다
苗代の
準備をする

모내기를 하다, 모를 심다
田植えをする

이앙기를 사용하다
田植機を使う

비료를 주다
肥料を撒く

항공 방제/농약 공중 살포를 하다
航空防除/
農薬の空中散布をする

벼를 베다, 추수하다
稲を刈る

논에서 물을 빼다
田んぼから
水を抜く

건조기로 건조시키다
乾燥機で
乾燥させる

정미소에서 도정하다
精米所で精米する

SENTENCES TO USE

그는 귀농하여 농사를 짓고 있다.
彼は田舎に帰って、農業を営んでいる。

이앙기로 모내기를 합니다.
田植機で田植えをします。

그들은 트랙터로 논에 비료를 주고 있다.
彼らはトラクターで田んぼに肥料を撒いている。

9월 말에서 10월 초에 추수합니다.
9月末から10月初めに稲を刈ります。

쌀알은 건조시켜 도정한다.
籾は乾燥させて、精米する。

파종하다, 씨를 뿌리다
種<ruby>た<rt></rt></ruby>まきをする

모종을 심다
苗<ruby>なえ<rt></rt></ruby>を植<ruby>う<rt></rt></ruby>える

잡초를 뽑다, 김매다
雑草<ruby>ざっそう<rt></rt></ruby>を抜<ruby>ぬ<rt></rt></ruby>く

밭에 거름을 주다
畑<ruby>はたけ<rt></rt></ruby>に肥料<ruby>ひりょう<rt></rt></ruby>を撒<ruby>ま<rt></rt></ruby>く

농약을 치다
農薬<ruby>のうやく<rt></rt></ruby>を撒<ruby>ま<rt></rt></ruby>く

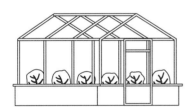

비닐 하우스에서 재배하다
ビニールハウスで栽培<ruby>さいばい<rt></rt></ruby>する

수확하다
収穫<ruby>しゅうかく<rt></rt></ruby>する

SENTENCES TO USE

그녀는 올해도 텃밭에 채소 모종을 심었다.

彼女<ruby>かのじょ<rt></rt></ruby>は今年<ruby>ことし<rt></rt></ruby>も、家庭菜園<ruby>かていさいえん<rt></rt></ruby>で野菜<ruby>やさい<rt></rt></ruby>の苗<ruby>なえ<rt></rt></ruby>を植<ruby>う<rt></rt></ruby>えた。

정원의 잡초를 뽑아야 한다.

庭<ruby>にわ<rt></rt></ruby>の雑草<ruby>ざっそう<rt></rt></ruby>を抜<ruby>ぬ<rt></rt></ruby>かなければならない。

이 상추는 농약을 치지 않고 키웠다.

このサンチュは、農薬<ruby>のうやく<rt></rt></ruby>を撒<ruby>ま<rt></rt></ruby>かないで育<ruby>そだ<rt></rt></ruby>てた。

그들은 비닐하우스에서 귤을 재배하고 있다.

彼<ruby>かれ<rt></rt></ruby>らはビニールハウスで、みかんを栽培<ruby>さいばい<rt></rt></ruby>している。

수산업

조업을 나가다
しゅつりょう
出漁する

양식을 하다
ようしょく
養殖する

양식장을 운영하다
ようしょくじょう　うんえい
養殖場を運営する

그물을 던지다
あみ　な
網を投げる

그물을 끌어당기다
あみ　ひ　よ
網を引き寄せる

어선을 정박하다
ぎょせん　ていはく
漁船を停泊する

조업을 마치고 복귀하다
りょう　お　かえ
漁を終えて帰る

잡은 해산물을 나누다/저장하다
と　かいさんぶつ　わ
獲れた海産物を分ける /
ちょぞう
貯蔵する

잡은 해산물을 어시장에서 경매하다
と　かいさんぶつ　うおいちば
獲れた海産物を魚市場で
せ　お
競り落とす

어구를 손질하다
ぎょぐ　てい
漁具の手入れをする

SENTENCES TO USE

어부들은 이른 아침에 조업을 나간다.
りょうし　そうちょう　しゅつりょう
漁師たちは早朝に出漁する。

그들은 광어를 양식한다.
かれ　ようしょく
彼らはヒラメを養殖する。

잡은 해산물을 활어 수조에 저장한다.
と　かいさんぶつ　かつぎょすいそう　ちょぞう
獲れた海産物を活魚水槽に貯蔵する。

어부들은 어구를 손질하고 있다.
りょうし　ぎょぐ　てい
漁師たちは漁具の手入れをしている。

생산하다
生産する

유통시키다
流通させる

소비하다
消費する

판매하다
販売する

구입하다
購入する

사업을 하다,
장사하다
事業を営む

거래하다
取り引きする

투자하다
投資する

아르바이트를 하다
アルバイトを
する

은행에 예금하다
銀行に
預金する

이자를 받다
利子を取る

대출을 받다
ローンを組む

주식 투자를 하다
株式投資をする

배당금을 받다
配当金を受け取る

SENTENCES TO USE

그 회사에서는 막걸리를 생산해서, 일본에 수출하고 있다.

その会社では、マッコリを生産して日本に輸出している。

그녀는 온라인 쇼핑몰에서 화장품을 판매하고 있다. 彼女はネットショップで、化粧品を販売している。

그는 편의점에서 아르바이트를 하고 있다. 彼はコンビニでアルバイトをしている。

주택(자금) 대출을 받아 집을 샀다. 住宅ローンを組んで、家を買った。

나도 주식 투자를 해보고 싶다. 私も株式投資をしてみたい。

CHAPTER

3

쇼핑

ショッピング

오프라인 쇼핑 ①
– 편의점, 슈퍼마켓, 재래시장, 대형 마트

MP3 057

상품을 고르다
商品を選ぶ

상품/가격을 비교하다
商品 / 価格を比較する

いくら?

가격을 문의하다
価格を聞く

상품에 대해 문의하다
商品について聞く

쇼핑 카트에 담다
ショッピング
カートに入れる

장바구니에 담다
買い物袋に
入れる

계산하다
会計する

가격을 흥정하다
値段を掛け合う

가격을 내리다
値下げする

덤(증정품)을 받다
おまけをもらう

덤(증정품)이 붙어 있다
おまけが付いている

가격을 깎아 주다
値引きする

SENTENCES TO USE

그는 상품을 골라서 쇼핑 카트에 담았다.
彼は商品を選んでショッピングカートに入れた。

나는 가격을 비교한 후에 상품을 구입한다.
私は価格を比較してから商品を購入する。

그녀는 장보러 갈 때, 비닐봉투를 사용하지 않기 위해, 접는 장바구니를 가지고 간다.
彼女は買い物に行く時、レジ袋を使わないため、折り畳み買い物袋を持って行く。

한국의 재래시장에는 가격을 흥정하는 사람들이 있다.
韓国の在来市場では、値段を掛け合う人たちがいる。

포인트를 적립하다
ポイントを貯(た)める

제휴 카드로 할인받다
提携(ていけい)カードで割引(わりびき)を受(う)ける

무빙워크를 이용하다
ムービングウォーク
[オートウォーク]を利用(りよう)する

구입한 물건을 차 트렁크에 싣다
購入(こうにゅう)した商品(しょうひん)を
車(くるま)のトランクに積(つ)む

구입한 물건을 배달시키다
購入(こうにゅう)した商品(しょうひん)を配達(はいたつ)してもらう

SENTENCES TO USE

그녀는 물건을 살 때마다 포인트를 적립한다.
彼女(かのじょ)は商品(しょうひん)を買(か)うたびにポイントを貯(た)める。

그 편의점에서는 제휴 카드로 할인을 받을 수 있다.
そのコンビニでは提携(ていけい)カードで割引(わりびき)を受(う)けることができる。

구입한 물건을 차 트렁크에 싣고 있는데, 전화벨이 울렸다.
購入(こうにゅう)した商品(しょうひん)を車(くるま)のトランクに積(つ)んでいたら、電話(でんわ)のベルが鳴(な)った。

나는 슈퍼마켓에서 구입한 물건을 집까지 배달시킨다.
私(わたし)はスーパーマーケットで購入(こうにゅう)した商品(しょうひん)を家(いえ)まで配達(はいたつ)してもらう。

MP3 058

상품을 고르다
商品を選ぶ

사이즈를 문의하다
サイズを聞く

**(옷을) 입어 보다, (신발을) 신어 보다,
(액세서리를) 착용해 보다**
試着してみる

가격을 확인하다
価格を
確認する

가격을 문의하다
価格を聞く

계산하다
会計する

7月7日

배달 날짜를 정하다
お届け希望日を
決める

아이쇼핑하다
ウィンドウ
ショッピングをする

면세점에서 구입하다
免税店で
購入する

면세로 구입하다
免税で
購入する

여권과 항공권을 제시하다
パスポートと
航空券を提示する

공항에서 물건을 받다
空港で商品を
受け取る

SENTENCES TO USE

나는 점원에게 원피스의 사이즈를 문의했다.
私は店員にワンピースのサイズを聞いた。

바지는 사기 전에 입어 보는 것이 좋다.
ズボンは買う前に試着してみた方がいい。

그녀는 외국 브랜드의 가방을 면세로 구입했다.
彼女は外国ブランドのバッグを免税で購入した。

면세점에서는 여권과 항공권을 제시해야 한다.
免税店ではパスポートと航空券を提示しなければならない。

나는 시내 면세점에서 구입한 물건을 공항 픽업 카운터에서 받았다.
私は市内免税店で購入した商品を空港のピックアップカウンターで受け取った。

3 미용 서비스 시설 이용

MP3 059

미용실, 마사지숍

커트하다
カットする

머리를 자르다[깎다]
髪を切る

머리를 짧게 자르다
髪を
短く切る

스포츠머리로 깎다
スポーツ刈りにする

머리를 완전히 밀다
スキン
ヘッドにする

머리를 다듬다
髪を整える

퍼머를 하다
パーマをかける

머리를 염색하다
髪を染める

머리를 감다
髪を洗う

드라이어로
말리다
ドライヤーで
乾かす

머리를 말리다
髪を乾かす

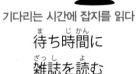

기다리는 시간에 잡지를 읽다
待ち時間に
雑誌を読む

메이크업을 받다
メイクを
受ける

마사지를 받다
マッサージを
受ける

SENTENCES TO USE

그는 매달 미용실에서 머리를 깎는다.
彼は毎月、美容室で髪を切る。

오랜만에 머리를 자르고 퍼머를 했다.
久しぶりに髪を切ってパーマをかけた。

그는 군대에 입대하기 전에 머리를 스포츠머리로 깎았다.
彼は軍隊に入隊する前に、頭をスポーツ刈りにした。

나는 흰머리 때문에 한 달에 한 번 염색을 해야 한다.
私は白髪のせいで、月に1回、髪を染めなければならない。

자기 전에는 드라이어로 머리를 완전히 말립니다. 寝る前は、ドライヤーで髪をしっかり乾かします。

네일숍

네일을 받다
マニキュアを受ける

네일 아트를 하다
ネイルアートをする

네일 디자인을 고르다
ネイルデザインを選ぶ

젤네일을 붙이다
ジェルネイルをつける

젤네일을 받다
ジェルネイルをしてもらう

젤네일을 제거하다
ジェルネイルを
オフしてもらう

젤네일을 직접 제거하다
ジェルネイルを
セルフでオフする

네일 스티커를 붙이다
ネイルシールを貼る

네일 스티커를 제거하다
ネイルシールを
剥がす

페디큐어를 받다
ペディキュアを
受ける

손톱 관리를 받다
ネイルケアを
受ける

발 관리를 받다
フットケアを
受ける

SENTENCES TO USE

그녀는 가끔 네일숍에서 네일을 받는다.
彼女は、たまにネイルサロンでマニキュアを受ける。

나는 어제 처음으로 젤네일을 받았다.
私は昨日初めてジェルネイルをしてもらった。

이 네일 스티커는 직접 예쁘게 붙일 수 있습니다.
このネイルシールは、自分できれいに貼ることができます。

나는 여름에는 페디큐어를 받는다.
私は、夏にはペディキュアを受ける。

그녀는 네일숍에서 발 관리를 받았다.
彼女はネイルサロンで、フットケアを受けた。

4 온라인 쇼핑

MP3 060

온라인 쇼핑을 하다
ネット
ショッピングを
する

주문하다
_{ちゅうもん}
注文する

상품을 고르다
_{しょうひん} _{えら}
商品を選ぶ

상품/가격을
비교하다
_{しょうひん} _{か かく}
商品 / 価格を
_{ひ かく}
比較する

장바구니에 넣다
_か _{もの}
買い物カゴに
_い
入れる

할인 쿠폰을 적용하다
_{わりびき}
割引クーポンを
_{てきよう}
適用する

배송비를 지불하다
_{そうりょう} _{し はら}
送料を支払う

배송 주소를 입력하다
_{はいそうさきじゅうしょ}
配送先住所を
_{にゅうりょく}
入力する

안심번호를 사용하다
あんしん
_{つか}
ナンバーを使う

결제하다
_{けっさい}
決済する

개인통관고유부호를
입력하다
_{こ じんつうかん こ ゆう}
個人通関固有
コードを
_{にゅうりょく}
入力する

포인트를 사용하다
_{つか}
ポイントを使う

관심 품목 리스트에 추가하다
_{もの}
ほしい物リストに
_い
入れる

SENTENCES TO USE

그는 한가할 때, 온라인 쇼핑을 한다.
_{かれ} _{ひま} _{とき}
彼は暇な時、ネットショッピングをする。

상품을 고르면, '장바구니' 버튼을 클릭해서 장바구니에 넣는다.
_{しょうひん} _{えら} _{か もの} _{か もの い}
商品を選んだら、「買い物カゴ」ボタンをクリックして、買い物カゴに入れる。

구매 금액이 5만 원 미만이면 배송비를 지불해야 한다.
_{こうにゅうきんがく} _{ごまん} _{み まん} _{そうりょう} _{し はら}
購入金額が5万ウォン未満なら、送料を支払わなければならない。

해외에서 상품을 직구할 때는 개인통관고유부호를 입력해야 한다.
_{かいがい} _{しょうひん} _{ちょくせつこうにゅう} _{さい} _{こ じんつうかん こ ゆう} _{にゅうりょく}
海外から商品を直接購入する際は、個人通関固有コードを入力しなければならない。

주문 내역을 조회하다
注文内容を確認する
ちゅうもんないよう　かくにん

배송 정보를 조회하다
配送状況を確認する
はいそうじょうきょう　かくにん

판매자에게 문의하다
販売者に問い合わせる
はんばいしゃ　と　あ

배송 지연으로 판매자에게 항의하다
配送遅延で販売者に
はいそうちえん　はんばいしゃ
クレームを入れる
い

(A를 B로) 교환하다
(AをBに) 交換する
エー　ビー　こうかん

반품하다
返品する
へんぴん

환불하다
払い戻す
はら　もど

후기를 작성하다
レビューを作成する
さくせい

사진과 함께 후기를 쓰다
画像付きレビューを書く
が ぞうつ　　　　　　か

SENTENCES TO USE

주문 내역을 조회하고 싶을 때는 어떻게 하면 되나요?　注文内容を確認したい時は、どうすればいいんですか。
ちゅうもんないよう　かくにん　とき

그는 이틀 전에 주문한 운동화의 배송 정보를 조회했다.　彼は2日前に注文した運動靴の配送状況を確認した。
かれ　ふつかまえ　ちゅうもん　うんどうぐつ　はいそうじょうきょう　かくにん

사이즈가 맞지 않을 때, 교환받을 수 있나요?　サイズが合わない時、交換してもらえますか。
あ　とき　こうかん

온라인에서 구입한 구두가 작아서 반품했다.　オンラインで購入した靴が小さくて、返品した。
こうにゅう　くつ　ちい　へんぴん

그녀는 온라인에서 구입한 원피스의 후기를 작성했다.　彼女はネットで購入したワンピースのレビューを作成した。
かのじょ　こうにゅう　さくせい

商品選

CHAPTER

4

출산 & 육아

<ruby>出<rt>しゅっ</rt>産<rt>さん</rt></ruby>&<ruby>育<rt>いく</rt>児<rt>じ</rt></ruby>

MP3 061

임신 테스트기를
사용하다
妊娠検査薬を
使う

병원에서 임신을 확인하다
病院で妊娠を
確認する

임신하다
妊娠する

아이를 갖다
子供を持つ

쌍둥이/세쌍둥이를
임신하다
双子 / 三つ子を
妊娠する

8ケ月

임신 ~주/개월이다
妊娠 ~週 /
~ヶ月だ

산모 수첩을 쓰다
母子健康手帳を
書く

엽산/철분제를 섭취하다
葉酸 / 鉄剤を摂取する

초음파 검사를 받다
超音波検査を
受ける

기형아 선별 검사를 받다
出生前診断を
受ける

태아 염색체 검사를 받다
胎児の染色体検査を
受ける

임신성 당뇨병에 걸리다
妊娠糖尿病に
かかる

임신성 고혈압에 걸리다
妊娠高血圧症候群に
なる

입덧을 하다
つわりが起きる

SENTENCES TO USE

나는 집에서 임신 테스트기를 사용해 검사해서, 임신을 확인했다.
私は家で妊娠検査薬を使って検査し、妊娠を確認した。

언니는 쌍둥이를 임신했다.
姉は双子を妊娠した。

그녀는 임신 27주입니다.
彼女は妊娠27週です。

임신 초기에는 태아 염색체 검사도 받아야 한다.
妊娠初期には、胎児の染色体検査も受けなければならない。

나는 입덧을 하지 않았다.
私はつわりが起きなかった。

태교를 하다
胎教をする

신생아 용품을 구매하다
ベビー用品を購入する

아기 방을 꾸미다
赤ちゃんの
部屋作りをする

출산 예정이다
出産予定だ

~분 간격으로 진통이 있다
~分間隔で陣痛がある

양수가 터지다
破水する

진통이 시작되다
陣痛が始まる

진통 중이다   분만 중이다
陣痛中だ   分娩中だ

자연분만하다
自然分娩する

제왕절개로 낳다
帝王切開で産む

탯줄을 자르다
へその緒を切る

출산하다
出産する

아기를 분만실에서
신생아실로 옮기다
赤ちゃんを分娩室から
新生児室に移動する

SENTENCES TO USE

그녀는 출산 전에 신생아 용품을 구매하고 아기 방을 꾸몄다.
彼女は出産前にベビー用品を購入し、赤ちゃんの部屋作りをした。

딸은 다음 주에 출산 예정이다.
娘は来週、出産予定だ。

양수가 터진 후에 진통이 시작됐다.
破水してから、陣痛が始まった。

산모는 지금 분만 중입니다.
産婦は今、分娩中です。

그녀는 오늘 여자 아기를 출산했다.
彼女は今日、女の子を出産した。

출산 축하 선물을 받다
しゅっさんいわ
出産祝いをもらう

난산을 하다
なんざん
難産になる

조산하다
そうざん
早産する

사산하다
し ざん
死産する

유산하다
りゅうざん
流産する

아이가 생기지 않다
こ ども
子供ができない

여자 쪽이 불임이다
じょせい ふ にんしょう
女性不妊症だ

남자 쪽이 불임이다
だんせい ふ にんしょう
男性不妊症だ

난임 치료 전문 병원에 다니다
ふ にん ち りょうせんもん びょういん かよ
不妊治療専門の病院に通う

배란일을 체크하다
はいらん び
排卵日をチェックする

SENTENCES TO USE

그 여성은 임신 8개월에 조산했다.
じょせい にんしんはちか げつ そうざん
その女性は妊娠 8ヶ月で早産した。

그녀는 첫째 딸을 낳기 전에 한 번 유산했다.
か のじょ ちょうじょ う まえ いち ど りゅうざん
彼女は長女を産む前に一度流産した。

그 부부는 아이가 생기지 않아서 오랫동안 고생했다.
ふう ふ こ ども なが あいだ く ろう
その夫婦は子供ができなくて、長い間苦労した。

자연 임신을 시도하다
自然妊娠を試みる

인공수정을 하다
人工授精をする

체외 수정에 의한 불임 치료를 받다
体外受精による
不妊治療を受ける

체외 수정을 하다
体外受精を行う

난자를 동결 보존하다
卵子を凍結保存する

정자 은행에서 정자를 제공받다
精子バンクから精子を提供される

대리모를 통해 아기를 낳다
代理母出産で赤ちゃんを産む

SENTENCES TO USE

체외 수정에 의한 불임 치료를 받아 아기를 낳았다.
体外受精による不妊治療を受けて、赤ちゃんを産んだ。

젊었을 때 난자를 동결 보존해 두는 여성들이 늘고 있다.
若い時に卵子を凍結保存しておく女性が増えている。

그 여성은 정자 은행에서 제공받은 정자로 아들을 낳았다.
その女性は精子バンクから提供された精子で、息子を産んだ。

2 육아

MP3 062

젖/모유를 먹이다
おっぱい / 母乳を
の
飲ませる

분유를 먹이다
ミルク[粉ミルク]を
の
飲ませる

트림시키다
げっぷをさせる

안다
だ
抱く

등에 업다
おぶう

유모차에 태우다
ベビーカーに
の
乗せる

아기를 목욕시키다
あか
赤ちゃんを
ふ ろ い
お風呂に入れる

우는 아기를 달래다
な あか
泣く赤ちゃんを
なだめる

보채는[칭얼대는]
아기를 달래다
あか
むずかる赤ちゃんを
なだめる

기저귀를 갈다
おむつを
か
替える

아기 침대에 누이다
ベビーベッドに
ね
寝かす

아기를 달래서 재우다
あか
赤ちゃんを
ね
なだめて寝かせる

자장가를 불러 주다
こ もりうた
子守唄を
き
聞かせる

SENTENCES TO USE

나는 가능하면 아기에게 모유를 먹이고 싶다.
わたし あか ぼ にゅう の
私はできれば赤ちゃんに母乳を飲ませたい。

아기에게 분유를 먹이고 나면 트림을 시켜야 한다.
あか の あと
赤ちゃんにミルクを飲ませた後は、げっぷをさせなければならない。

그는 아기를 등에 업었다.
かれ あか
彼は赤ちゃんをおぶった。

울고 있는 아기를 달래는 일은 어렵다.
な あか むずか
泣いている赤ちゃんをなだめることは難しい。

하루에 몇 번 기저귀를 갑니까?
いちにちなんかい か
一日何回、おむつを替えますか。

육아를 전담하다
育児に専念する

아기를 맡기다
赤ちゃんを預ける

육아 휴직을 하다
育児休業を取る

육아 휴직 중이다
育児休業中だ

아기가 눈을 맞추다
赤ちゃんが
目を合わせる

이유식을 만들다
離乳食を作る

턱받이를 해 주다
ベビースタイを
してあげる

보행기에 태우다
歩行器に乗せる

걸음마 훈련을 시키다
あんよトレーニングを
させる

대소변 가리는 훈련을 시작하다
トイレトレーニングを
始める

숟가락/젓가락 사용 방법을 가르치다
スプーン / お箸の
使い方を教える

SENTENCES TO USE

그녀는 아기를 친정에 맡기고 회사에 간다.
彼女は赤ちゃんを実家に預けて会社に行く。

요즘은 육아 휴직을 하는 남성이 늘고 있다.
最近は、育児休業を取る男性が増えている。

생후 4주째가 되면 아기가 눈을 맞추기 시작한다.
生後4週目になると、赤ちゃんが目を合わせ始める。

아기가 잘 때, 이유식을 만듭니다.
赤ちゃんが寝ている時に、離乳食を作ります。

대소변 가리는 훈련은 언제부터 시작합니까?
トイレトレーニングはいつから始めますか。

100일을 축하하다
百日祝いをする

돌잔치를 하다
満1歳の
誕生祝いをする

양육 수당을 신청하다/받다
児童扶養手当を
申請する / 受ける

아이에게 예방
접종을 시키다
子供に予防接種を
受けさせる

아이에게 건강 검진을
받게 하다
子供に健康診断を
受けさせる

아이가 떼를 쓰다
子供が
駄々をこねる

책을 읽어 주다
本を読んで
あげる

스마트폰/유튜브 영상/TV를
보여 주다
スマートフォン / YouTubeの
動画 / テレビを見せる

어린이집/유치원/초등학교에 보내다
保育園 / 幼稚園 /
小学校に通わせる

선생님과 상담하다
先生に相談する

공부를 봐 주다
勉強を手伝う

SENTENCES TO USE

우리 부부는 지난 주 토요일에 아이의 100일을 축하했다.
私たち夫婦は先週の土曜日に子供の百日祝いをした。

그는 매일 밤 아이가 자기 전에 아이에게 책을 읽어 준다.
彼は毎晩子供が寝る前に、子供に本を読んであげる。

아이를 조용히 시키고 싶을 때는 스마트폰으로 유튜브 영상을 보여 준다.
子供を静かにさせたい時は、スマホでYouTubeの動画を見せる。

그녀는 딸의 영어와 수학 공부를 봐 준다.
彼女は娘の英語と数学の勉強を手伝う。

심부름을 시키다
おつかいをさせる

집안일을 시키다
家事をさせる

좋은 습관을 길러 주다
よい習慣を
身につけさせる

다양한 경험을 시키다
様々な経験をさせる

칭찬하다
褒める

격려하다
励ます

말로 타이르다
言い聞かせる

혼내다
叱る

화를 내다
怒る

통제하다
統制する

SENTENCES TO USE

아이에게 처음으로 심부름을 시킨 것은 초등학교 3학년 때다.
子供に初めておつかいをさせたのは、小学校3年生の時だ。

가끔 아이에게 집안일을 시킨다.
たまに子供に家事をさせる。

우리 부부는 아이에게 다양한 경험을 시키려고 노력하고 있다.
私たち夫婦は子供に様々な経験をさせようと努力している。

아이를 혼내지 말고, 다정하게 말로 타이르세요.
子供を叱らないで、優しく言い聞かせてください。

사교육을 시키다
私教育を受けさせる

학원에 보내다
塾に通わせる

영어/수학/피아노/미술 학원에 보내다
英語 / 数学 / ピアノ / 美術教室に通わせる

과외를 시키다
プライベートレッスンを受けさせる

적성을 찾게 도와주다
適性を探すのを手伝う

적기 교육을 시키다
適期教育をさせる

SENTENCES TO USE

한국의 부모들은 자녀들에게 사교육을 많이 시킨다.
韓国の親たちは、子供たちに私教育をたくさん受けさせる。

그녀는 아이를 영어, 수학, 피아노 학원에 보낸다.　彼女は子供を英語、数学、ピアノ教室に通わせる。

그녀는 아이에게 영어 회화 과외를 시키고 있다.
彼女は子供に英会話のプライベートレッスンを受けさせている。

아이들에게 필요한 것은 조기 교육이 아니라 적기 교육이다.
子供たちに必要なのは早期教育ではなく、適期教育である。

체험 학습에 보내다
体験学習に行かせる

참관 수업에 참여하다
授業参観に参加する

전학시키다
転校させる

유학을 보내다
留学させる

조기 유학을 보내다
早期留学させる

대안학교에 보내다
オルタナティブスクールに通わせる

지능 검사를 받게 하다
知能検査を受けさせる

교육서/육아책을 읽다
教育書 / 育児本を読む

SENTENCES TO USE

오늘 아이의 참관 수업에 참여하기 위해 반차를 썼다.
今日、子供の授業参観に参加するため、半休を取った。

그는 아들을 유학 보내고 싶다고 말했다.
彼は息子を留学させたいと言った。

그녀는 아이가 초등학교 3학년 때부터 대안학교에 보냈다.
彼女は子供が小学3年生の時から、オルタナティブスクールに通わせた。

그녀는 교육에 관심이 있어서 교육서를 읽는 걸 좋아한다.
彼女は教育に興味があるので、教育書を読むのが好きだ。

5

여가 & 취미

余暇&趣味

よか　しゅみ

MP3 063

여행하다
旅行する

여행 짐을 꾸리다
旅行の荷造りをする

당일 여행을 하다
日帰り旅行をする

~박 …일로 가다
~泊…日で行く

국내 여행을 하다
国内旅行をする

해외여행을 하다
海外旅行をする

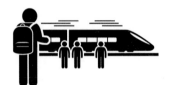

배낭여행을 하다
バックパッキングをする

패키지여행을 하다
パッケージツアーをする

크루즈 여행을 하다
クルーズ旅行をする

SENTENCES TO USE

나는 혼자서 미국을 여행하고 싶습니다.
私は一人でアメリカを旅行したいです。

내일 아침 출발인데, 아직 여행 짐을 꾸리지 않았다.
明日の朝、出発なのに、まだ旅行の荷造りをしていない。

3박 4일로 갈 수 있는 해외여행지를 소개해 주세요.
3泊4日で行ける海外旅行先を紹介してください。

그녀는 20대 때, 50일 동안 배낭여행을 했다.
彼女は20代に、50日間バックパッキングをした。

수학여행을 가다
修学旅行に行く

졸업 여행을 가다
卒業旅行に行く

신혼여행을 가다
新婚旅行に行く

국토 횡단 여행을 하다
国土横断旅行をする

국토 종단 여행을 하다
国土縦断旅行をする

답사를 가다
下調べに行く

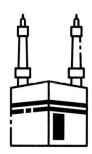

성지 순례를 가다
聖地巡礼に行く

세계 일주를 하다
世界一周をする

SENTENCES TO USE

졸업 여행을 간다면, 해외로 가고 싶습니다.
卒業旅行に行くなら、海外に行きたいです。

일이 바빠서 신혼여행을 가지 못했다.
仕事が忙しくて、新婚旅行に行けなかった。

요즘 젊은이들은 애니메 성지 순례를 간다고 한다.
最近の若者は、アニメの聖地巡礼に行くそうだ。

그는 복권에 당첨되어서 세계 일주를 하기로 결심했다.
彼は宝くじに当たって、世界一周をすることを決意した。

여행 계획을 세우다
旅行の計画を
立てる

여행 경로를 정하다
旅行ルートを
決める

호텔/호스텔을 예약하다
ホテル / ホステルを
予約する

항공권/비행기표를 예약하다
航空券 / 飛行機のチケットを
予約する

열차/버스를 예약하다
列車 / バスを予約する

표/티켓을 구입하다
切符 / チケットを
購入する

자동차/열차/버스/비행기로 가다
車 / 列車 / バス /
飛行機で行く

비행기/열차/버스로 여행하다
飛行機 / 列車 / バスで
旅行する

비행기 환승을 하다
飛行機の乗り継ぎをする

전철/버스로 갈아타다
電車 / バスに
乗り換える

SENTENCES TO USE

여행도 즐겁습니다만, 여행 계획을 세우는 것이 더 즐겁습니다.
旅行も楽しいですが、旅行の計画を立てることがもっと楽しいです。

심야 버스를 예약했습니다만, 취소할 수 있습니까?
深夜バスを予約したんですが、キャンセルできますか。

그들은 자동차로 샌프란시스코에 갔다.
彼らは車でサンフランシスコに行った。

먼저 전철을 타고, 그 다음에 버스로 갈아탄다.
まず、電車に乗って、それからバスに乗り換える。

호텔/호스텔에 묵다
ホテル / ホステルに泊まる

체크인하다
チェックインする

체크아웃하다
チェックアウトする

호텔 뷔페에서 먹다
ホテルの
バイキングで
食べる

호텔 뷔페를 이용하다
ホテルのバイキングを利用する

관광 안내소에서 여행 정보를 문의하다
観光案内所で旅行情報を聞く

렌터카를 빌리다
レンタカーを借りる

고속도로 휴게소에 들르다
高速道路のサービス
エリアに立ち寄る

고속도로 휴게소에서 식사를 하다
高速道路のサービス
エリアで食事をする

SENTENCES TO USE

그들은 역 근처에 있는 호텔에 묵었다.
彼らは駅の近くにあるホテルに泊まった。

오후 3시에 체크인하고, 다음 날 오전 10시에 체크아웃했다.
午後3時にチェックインし、翌日の午前10時にチェックアウトした。

그녀는 역의 관광 안내소에서 여행 정보를 몇 가지 문의했다.
彼女は駅の観光案内所で旅行情報をいくつか聞いた。

우리는 고속도로 휴게소에 들러서 식사를 간단하게 때웠다.
私たちは高速道路のサービスエリアに立ち寄り、食事を簡単に済ませた。

UNIT 1

관광 명소에 가다
観光スポットに行く

가이드 투어에 참여하다
ガイドツアーに参加する

쇼핑/관광을 즐기다
ショッピング / 観光を楽しむ

맛집에 가다
おいしいお店に行く

어플로 맛집을 찾다
アプリでおいしいお店を探す

기기의 평가를 살펴보다
お店の評価を調べる

사진을 찍다
写真を撮る

(다른 사람이 나의) 사진을 찍어 주다
写真を撮ってもらう

기념품을 사다
お土産を買う

SENTENCES TO USE

나는 루브르 미술관에서 가이드 투어에 참여했다.
私はルーブル美術館でガイドツアーに参加した。

중국인 관광객들은 서울에서 쇼핑과 관광을 즐겼다.
中国人観光客は、ソウルでショッピングや観光を楽しんだ。

여행을 가면 반드시 맛집에 가는 사람이 있다.
旅行に行くと、必ずおいしいお店に行く人がいる。

나는 여행을 가면 그곳을 기억하기 위한 작은 기념품을 산다.
私は旅行に行くと、そこを思い出すために小さなお土産を買う。

196   PART III ▶ ▶ ▶

공항 면세점에서 구입하다
空港の免税店で購入する
_{くうこう　めんぜいてん　こうにゅう}

보안 검색을 받다
保安検査を受ける
_{ほ あんけんさ　う}

보안 검색을 통과하다
保安検査を通過する
_{ほ あんけんさ　つう か}

공항 출입국 심사대를 통과하다
空港出入国審査台を通過する
_{くうこうしゅつにゅうこくしん さ だい　つう か}

수하물 찾는 곳에서 짐을 찾다
手荷物受取所から荷物を受け取る
_{て に もつうけとりしょ　　　に もつ　う　と}

세관을 통과하다
税関を通過する
_{ぜいかん　つう か}

여행을 마치고 돌아오다
旅行を終えて帰る
_{りょこう　お　かえ}

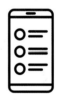

블로그/SNS에 여행 사진과 후기를 올리다
ブログ / SNSに旅行写真と
_{エスエヌエス　りょこうしゃしん}
レビューをアップする

SENTENCES TO USE

여행에서 돌아오는 길에 공항 면세점에서 위스키를 구입했다.
旅行の帰りに空港の免税店でウイスキーを購入した。
_{りょこう　かえ　　くうこう　めんぜいてん　　　　　　　こうにゅう}

공항에서 보안 검색을 통과할 때는 모자를 벗어야 한다.
空港で保安検査を通過する時は、帽子を脱がなければならない。
_{くうこう　ほ あんけんさ　つう か　とき　ぼうし　ぬ}

여행에서 돌아오면 나는 블로그에 사진과 후기를 올린다.
旅行から帰ると、私はブログに写真とレビューをアップする。
_{りょこう　かえ　わたし　　　　　　しゃしん}

MP3 064

TV를 보다
テレビを見る

VOD로 TV 프로그램을 보다
VODでテレビ番組を見る

리모컨으로 채널을 바꾸다
リモコンで
チャンネルを変える

IPTV에서 영화를 보다
IPTVで映画を
見る

채널을 계속 돌리다
チャンネルを
次々と変える

유튜브 영상을 보다
YouTubeの動画を見る

유튜브 채널을 구독하다
YouTubeチャンネルを
購読する

유튜브에서
라이브 방송을 보다
YouTubeで
ライブ配信を
見る

유튜브 영상에
'좋아요'를 누르다
YouTubeの動画に
「いいね」を押す

유튜브 영상에
댓글을 달다
YouTubeの動画に
コメントを投稿する

유튜브 영상/음악을
다운로드하다
YouTubeの動画/音楽を
ダウンロードする

SENTENCES TO USE

요즘은 VOD로 지난 TV 프로그램을 볼 수 있다.
最近は、VODで過去のテレビ番組を見ることができる。

영화관에 가지 않아도 집에서 IPTV로 최신 영화를 볼 수 있다.
映画館に行かなくても、自宅でIPTVで最新映画を見ることができる。

나는 어떤 영화평론가의 유튜브 채널을 구독하고 있다.
私はある映画評論家のYouTubeチャンネルを購読している。

유튜브에 올릴 영상을 촬영/제작하다
YouTubeに投稿する
動画を撮影 / 制作する

유튜브에 올릴 영상을 편집하다
YouTubeに投稿する
動画を編集する

유튜브에 영상을 올리다
YouTubeに
動画を投稿する

유튜브 채널을 개설하다
YouTubeチャンネルを開設する

유튜브에서 라이브 방송을 하다
YouTubeでライブ配信をする

넷플릭스에 가입하다
ネットフリックスに登録する

넷플릭스를 TV로 보다
ネットフリックスをテレビで見る

넷플릭스에서 TV 프로그램/영화/다큐멘터리를 보다
ネットフリックスでテレビ番組 / 映画 /
ドキュメンタリーを見る

넷플릭스를 해지하다
ネットフリックスを解約する

SENTENCES TO USE

유튜브에 올릴 20분짜리 영상을 편집하는 데 8시간 정도가 걸린다.
YouTubeに投稿する20分の動画を編集するのに、8時間ほどかかる。

그 유튜버는 자신의 채널에 일주일에 2편의 영상을 올린다.
そのユーチューバーは自分のチャンネルに1週間に2本の動画を投稿する。

그녀는 넷플릭스에서 다큐멘터리를 보는 게 취미가 되었다.
彼女はネットフリックスでドキュメンタリーを見ることが趣味になった。

MP3 065

축구/야구 경기를 보러 가다

リッカー / 野球の
試合を見に行く

축구/야구 경기를 보다

サッカー / 野球の試合を見る

축구/야구를 하다

サッカー / 野球をする

스키/스케이트 타러 가다

スキー /
スケートに行く

배드민턴/테니스/탁구/골프를 치다

バドミントン / テニス /
卓球 / ゴルフをする

조깅/수영/등산/하이킹하러 가다

ジョギング / 水泳 / 山登り /
ハイキングに行く

번지점프, 스카이다이빙 같은
익스트림 스포츠를 즐기다

バンジージャンプ、
スカイダイビングの
ようなエクストリーム
スポーツを楽しむ

마라톤을 하다

マラソンをする

SENTENCES TO USE

나는 초등학생 때 아버지와 함께 처음으로 야구 경기를 보러 갔다.
私は小学生の時、父と一緒に初めて野球の試合を見に行った。

그는 주말마다 친구와 테니스를 친다.　彼は週末ごとに友達とテニスをする。

그녀는 매일 아침 수영하러 간다.　彼女は毎朝、水泳に行く。

나는 겨울이 되면 친구와 스키 타러 간다.　私は冬になると、友達とスキーに行く。

준비 운동을 하다
準備運動をする

유산소운동을 하다
有酸素運動をする

근력 운동을 하다
筋力トレーニングを
する

필라테스/요가를 하다
ピラティス /
ヨガをする

헬스클럽에 가다
スポーツ
ジムに行く

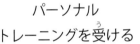

PT를 받다
パーソナル
トレーニングを受ける

러닝머신에서 뛰다
ランニング
マシーンで走る

스쿼트를 하다
スクワットを
する

플랭크를 하다
プランクをする

아령/역기를 들어올리다
ダンベル / バーベルを持ち上げる

윗몸일으키기를 하다
腹筋をする

파워 워킹을 하다
パワーウォーキングをする

SENTENCES TO USE

운동하기 전에는 준비 운동을 해야 한다.
運動する前には、準備運動をしなければならない。

다이어트에 성공하려면 유산소운동을 해야 한다.
ダイエットに成功するためには、有酸素運動をしなければならない。

요즘 필라테스를 하는 여성이 늘고 있다.
最近、ピラティスをする女性が増えている。

그녀는 헬스클럽에 가서 PT를 받는다.
彼女はスポーツジムに行って、パーソナルトレーニングを受ける。

등산을 가다   등산하다
登山に行く   山登りする

암벽 등반을 하다
岩登りをする

등산용품을 구입하다
登山用品を購入する

등산 동호회(산악회)에 가입하다
登山サークルに加入する

등산 복장을 하다(등산복을 입다)
登山の服装をする

등산화를 신다
登山靴を履く

등산모를 쓰다
登山の帽子をかぶる

등산화 끈을 단단히 묶다
登山靴のひもをしっかり結ぶ

야간 등산을 하다
夜間登山をする

배낭을 메다
リュックサックを
背負う

SENTENCES TO USE

가볍게 갈 수 있는 등산 명소를 가르쳐 주세요.
気軽に行ける登山スポットを教えてください。

그녀는 30대 때 암벽 등반을 했다.
彼女は30代の時、岩登りをした。

그는 등산을 시작하기 위해, 등산용품을 구입했다.
彼は登山を始めるために、登山用品を購入した。

나는 딱 한 번, 야간 등산을 한 적이 있다.
私は一度だけ夜間登山をしたことがある。

야호라고 외치다
ヤッホーと叫ぶ

등산로를 따라가다
登山コースに沿う

산에서 길을 잃다
山で道に迷う

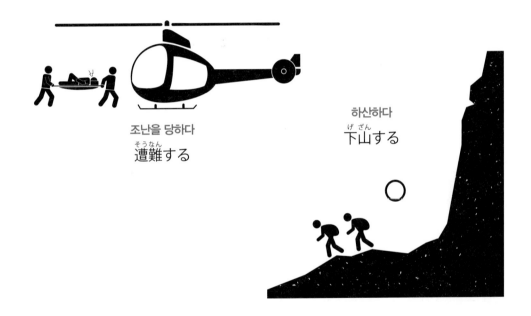

조난을 당하다
遭難する

하산하다
下山する

SENTENCES TO USE

그들은 산 정상에서 야호라고 외쳤다.

彼らは山頂で、ヤッホーと叫んだ。

산에서 길을 잃으면 어떻게 하면 됩니까?

山で道に迷ったら、どうすればいいですか。

그 등반가는 히말라야에서 조난을 당했다.

その登山家はヒマラヤで遭難した。

곧 해가 질 것 같아서 우리는 하산했다.

もうすぐ日が暮れそうなので、私たちは下山した。

캠핑을 가다
キャンプに
行く

캠핑카를 렌트/구입하다
キャンピングカーを
レンタル / 購入する

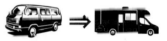

승합차를 개조해 캠핑카로 만들다
ワゴン車を改造して
キャンピングカーにする

텐트를 치다/걷다
テントを
張る / 畳む

텐트 안으로 들어가다
テントの中に入る

텐트 밖으로 나오다
テントの外に出る

차양을 치다
タープを張る

모닥불을 피우다
焚き火を焚く

바비큐를 하다/먹다
バーベキューを
する / 食べる

침낭에서 자다
寝袋で寝る

침낭을 펴다/말다
寝袋を広げる /
畳む

모기장을 치다/걷다
蚊帳を張る / 畳む

차박을 하다
車中泊をする

SENTENCES TO USE

최근에 점점 더 많은 사람들이 캠핑을 간다.
最近、ますます多くの人たちがキャンプに行く。

그들은 승합차를 개조해 캠핑카로 만들어서, 그걸 타고 캠핑을 간다.
彼らはワゴン車を改造してキャンピングカーにし、それに乗ってキャンプに行く。

우리는 캠핑장에 도착해서, 우선 텐트를 쳤다.
私たちはキャンプ場に着いて、まずテントを張った。

경차라도 충분히 차박을 할 수 있어요.
軽自動車でも、十分に車中泊ができますよ。

5 호캉스, 해수욕

MP3 067

호캉스를 하다	호캉스를 가다
ホカンスをする	ホカンスに行く

호텔에 체크인하다

ホテルにチェックインする

호텔에서 체크아웃하다

ホテルで
チェックアウトする

호텔 바에서 칵테일을 마시다

ホテルのバーで
カクテルを飲む

룸서비스를 시키다

ルームサービスを頼む

호텔 피트니스 센터를 이용하다

ホテルのフィットネスセンターを利用する

호텔 수영장에서 수영하다

ホテルのプールで泳ぐ

SENTENCES TO USE

지난 주말에 우리는 시내 호텔에서 1박 2일 호캉스를 했다.
先週末、私たちは市内のホテルで1泊2日のホカンスをした。

그녀는 친구와 호텔 바에서 칵테일을 마시고 있다. 彼女は友だちとホテルのバーでカクテルを飲んでいる。

저녁은 룸서비스를 시킬까? 夕食はルームサービスを頼もうか。

우리는 호텔 수영장에서 한가로이 수영하고 있었다.
私たちはホテルのプールで、のんびりと泳いでいた。

스파를 즐기다
スパを楽しむ

건식/습식 사우나를 즐기다
乾式 / 湿式サウナを楽しむ

도시의 야경을 감상하다
都会の夜景を眺める

오션뷰를 감상하다
オーシャンビューを見渡す

마사지를 받다
マッサージを受ける

욕조에서 반신욕을 하다
お風呂で半身浴をする

조식 뷔페를 먹다
朝食バイキングを食べる

SENTENCES TO USE

시내에 있는 호텔이어서 우리는 도시의 야경을 감상할 수 있었다.
市内にあるホテルだったので、私たちは都会の夜景を眺めることができた。

이 룸에서는 멋진 오션뷰를 감상할 수 있습니다.
このルームでは、素晴らしいオーシャンビューを見渡すことができます。

나는 호텔에서 발 마사지를 받았다.
私はホテルで足のマッサージを受けた。

그들은 조식 뷔페를 먹고, 체크아웃했다.
彼らは朝食バイキングを食べて、チェックアウトした。

해수욕을 가다
海水浴に行く

비치 파라솔을 빌리다
ビーチパラソルを
レンタルする

해수욕을 하다
海水浴をする

바다에서 수영하다
海で泳ぐ

백사장에서 놀다
砂浜で遊ぶ

백사장에 눕다
砂浜で横たわる

모래찜질을 하다
砂浴する

선탠을 하다
日焼けをする

서핑을 하다
サーフィンをする

스쿠버 다이빙을 하다
スキューバ
ダイビングをする

샤워를 해 소금기를 씻어내다
シャワーを浴びて
塩分を洗い流す

SENTENCES TO USE

나는 어렸을 때 여름 방학이 되면 부모님과 해수욕을 갔다.
私は幼い頃、夏休みになると、両親と海水浴に行った。

우리는 해수욕장에 가면 우선 비치 파라솔을 빌린다.
私たちは海水浴場に行くと、まずビーチパラソルをレンタルする。

바다에 가도 나는 바다에서 수영하지 않고 백사장에서 논다.
海に行っても、私は海で泳がないで、砂浜で遊ぶ。

바다에는 서핑을 하는 사람이 많이 있다.　　　海にはサーフィンをする人がたくさんいる。

영화표를 예매하다
映画のチケットを予約する

연극/뮤지컬 표를 예매하다
演劇 / ミュージカルの
チケットを予約する

온라인으로 영화를 예매하다
オンラインで映画を予約する

영화/연극/뮤지컬을 보러 가다
映画 / 演劇 / ミュージカルを見に行く

영화/연극/뮤지컬을 보다
映画 / 演劇 / ミュージカルを見る

영화가 개봉되다
映画が封切りされる

영화를 개봉하다
映画を封切りする

영화관에서 영화를 보다
映画館で映画を見る

조조 영화를 보다
早朝映画を見る

심야 영화를 보다
深夜映画を見る

SENTENCES TO USE

나의 취미는 뮤지컬을 보는 것입니다.
私の趣味はミュージカルを見ることです。

기다리고 기다리던 영화가 개봉되어 온라인으로 예매했다.
待ちに待った映画が封切りされて、オンラインで予約した。

그녀는 영화관에서 영화 보는 것을 좋아한다.
彼女は映画館で映画を見ることが好きだ。

그 영화관에서는 조조할인 가격으로 조조 영화를 볼 수 있다.
この映画館では、朝割りの値段で早朝映画を見ることができる。

IPTV/넷플릭스로 영화를 보다

<ruby>I P T V<rt>アイピーティーブイ</rt></ruby>/ネットフリックスで
<ruby>映画<rt>えいが</rt></ruby>を<ruby>見<rt>み</rt></ruby>る

드라이브인 극장에서 영화를 보다

ドライブインシアターで
<ruby>映画<rt>えいが</rt></ruby>を<ruby>見<rt>み</rt></ruby>る

영화 시사회에 초대받다

<ruby>映画<rt>えいが</rt></ruby><ruby>試写会<rt>ししゃかい</rt></ruby>に<ruby>招待<rt>しょうたい</rt></ruby>される

영화 시사회에 참석하다

<ruby>映画<rt>えいが</rt></ruby><ruby>試写会<rt>ししゃかい</rt></ruby>に<ruby>参加<rt>さんか</rt></ruby>する

영화제에 가다

<ruby>映画祭<rt>えいがさい</rt></ruby>に<ruby>行<rt>い</rt></ruby>く

SENTENCES TO USE

요즘은 IPTV나 넷플릭스로도 영화를 볼 수 있다.

<ruby>最近<rt>さいきん</rt></ruby>は、<ruby>I P T V<rt>アイピーティーブイ</rt></ruby>やネットフリックスでも<ruby>映画<rt>えいが</rt></ruby>を<ruby>見<rt>み</rt></ruby>ることができる。

드라이브인 극장에서 영화를 본 적 있어요?　　ドライブインシアターで<ruby>映画<rt>えいが</rt></ruby>を<ruby>見<rt>み</rt></ruby>たことがありますか。

나는 그 감독의 신작 영화 시사회에 초대받았다.　　<ruby>私<rt>わたし</rt></ruby>はその<ruby>監督<rt>かんとく</rt></ruby>の<ruby>新作映画<rt>しんさくえいが</rt></ruby>の<ruby>試写会<rt>ししゃかい</rt></ruby>に<ruby>招待<rt>しょうたい</rt></ruby>された。

그녀는 해마다 가을이 되면, 부산국제영화제에 간다.　　<ruby>彼女<rt>かのじょ</rt></ruby>は<ruby>毎年<rt>まいとし</rt></ruby>、<ruby>秋<rt>あき</rt></ruby>になると<ruby>釜山国際映画祭<rt>ブサンこくさいえいがさい</rt></ruby>に<ruby>行<rt>い</rt></ruby>く。

영화관에 입장하다
映画館に
入場する

입구에서 표를 확인받다
入り口でチケットを
確認してもらう

자리에 앉다
席に着く

휴대폰을 진동 모드/무음으로 하다
携帯電話をマナーモード /
ミュートにする

영화 상영 전 광고를 보다
映画上映前の
広告を見る

엔딩 크레딧을 끝까지 보다
エンディングクレジットを
最後まで見る

휴대폰 전원을 끄다
携帯電話の電源を切る

영화를 보며 팝콘을 먹다/음료를 마시다
映画を見ながらポップコーンを食べる /
飲み物を飲む

박수를 치다
拍手をする

큰 박수를
보내다
大きな
拍手を送る

기립 박수를 보내다
スタンディング
オベーションを送る

커튼콜을 외치다
カーテンコールを叫ぶ

SENTENCES TO USE

영화관에서는 휴대폰을 무음으로 하거나 전원을 꺼 주세요.
映画館では、携帯電話をミュートするか電源を切ってください。

나는 영화의 엔딩 크레딧을 끝까지 본다.
私は映画のエンディングクレジットを最後まで見る。

관객들은 배우들에게 기립 박수를 보냈다.
観客たちは俳優たちにスタンディングオベーションを送った。

연극이 끝나자 관객들은 박수를 치며 커튼콜을 외쳤다.
演劇が終わると、観客たちは拍手をしながらカーテンコールを叫んだ。

음악을 듣다
音楽を聞く

노래를 스트리밍하다
音楽をストリーミングする

노래를 다운로드하다
音楽をダウンロードする

콘서트/연주회 표를 예매하다
コンサート / 演奏会のチケットを予約する

콘서트/연주회에 가다
コンサート / 演奏会に行く

환호하다
歓呼する

노래를 따라 부르다
一緒に歌う

앙코르를 청하다
アンコールを請う

악기를 연주하다
楽器を演奏する

악기 연주법을 배우다
楽器の演奏方法を学ぶ

SENTENCES TO USE

나는 매일 아침 음악을 들으면서 조깅을 한다.
私は毎朝、音楽を聞きながら、ジョギングをする。

예전에는 콘서트에 자주 갔는데 요즘은 통 못 간다.
以前はコンサートによく行ったが、最近は全然行けない。

청중이 박수를 치면서 뮤지션의 노래를 따라 부르고 있다.
聴衆が拍手をしながら、ミュージシャンの歌を一緒に歌っている。

악기를 연주하기 위해서는 악보를 읽을 수 있어야 합니다.
楽器を演奏するためには、楽譜を読めなくてはなりません。

그림을 그리다
絵を描く

풍경화/정물화를 그리다
風景画 / 静物画を描く

초상화를 그리다
肖像画[似顔絵]を描く

캐리커처를 그리다
カリカチュアを描く

유화를 그리다
油絵を描く

수채화를 그리다
水彩画を描く

컬러링북에 색칠하다
カラーリングブックに
色を塗る

미술관에 가다
美術館に行く

전시품/작품/그림/조각품을
감상하다
展示品 / 作品 / 絵 /
彫刻作品を鑑賞する

도슨트(안내인)의 설명을
들으며 작품을 감상하다
ドーセントの説明を
聞きながら作品を鑑賞する

카탈로그/기념품을 구입하다
カタログ / 記念品を購入する

전시회 관람 예약을 하다
展示会の観覧予約をする

SENTENCES TO USE

그녀는 어렸을 때부터 그림 그리는 걸 좋아했다.
彼女は幼い頃から絵を描くのが好きだった。

그는 가끔 야외에 나가서 풍경화를 그린다.
彼はたまに野外に出て風景画を描く。

나는 친구의 캐리커처를 그려서 선물했다.
私は友だちのカリカチュアを描いてプレゼントした。

그 뮤지션은 자주 미술관에 가서 작품을 감상한다.
そのミュージシャンはよく美術館に行って作品を鑑賞する。

흑백 사진을 찍다
白黒写真を撮る

필름 카메라로 사진을 찍다
フィルムカメラで写真を撮る

사진을 찍다
写真を撮る

전문가용 카메라를 구입하다
プロ用カメラを購入する

출사를 나가다
写真を撮りに行く

사진의 구도를 잡다
写真の構図を
つかむ

초점을 잡다
焦点を
合わせる

삼각대에 카메라를 올리다
三脚にカメラを
取り付ける

셔터 스피드를 조정하다
シャッター
スピードを
調整する

모델/제품을 촬영하다
モデル / 製品を
撮影する

셀카를 찍다
自撮りをする

셀카봉을 이용해
셀카를 찍다
自撮り棒で
自撮りをする

사진을 보정하다
写真を
補正する

사진을 편집하다
写真を
編集する

사진을 인화하다
写真を
プリントする

SENTENCES TO USE

나는 우리 고양이 사진을 즐겨 찍는다.
私はうちの猫の写真をよく撮る。

그녀는 오늘 단풍이 아름다운 단풍 명소로 출사를 나간다.
彼女は今日、紅葉が美しい紅葉スポットへ写真を撮りに行く。

나는 셀카 찍는 걸 좋아하지 않는다.
私は自撮りをするのが好きではない。

그녀는 사진을 보정해서 인스타그램에 올렸다.
彼女は写真を補正して、インスタグラムに投稿した。

MP3 071

반려동물/개/고양이를 키우다
ペット / 犬 / 猫を飼う

반려동물/개/고양이를 인양하다
ペット / 犬 / 猫の里親になる

유기견/유기묘를 입양하다
保護犬 / 保護猫の里親になる

개/고양이에게 밥을 주다
犬 / 猫にご飯をあげる

반려동물에게 간식을 주다
ペットにおやつをあげる

반려동물에게 줄 간식을 만들다
ペットにあげるおやつを作る

반려동물과 놀다
ペットと遊ぶ

반려동물 용품을 구입하다
ペット用品を購入する

반려동물을 동물병원에 데리고 가다
ペットを動物病院に連れて行く

반려동물에게 예방접종을 시키다
ペットに予防接種をさせる

반려동물을 등록하다
ペットの登録をする

반려동물에게 인식칩을 심다
ペットにマイクロチップを装着させる

개를 산책시키다
犬を散歩させる

개에게 목줄/가슴줄을 하다
犬に首輪 / ハーネスを付ける

SENTENCES TO USE

그녀는 유기견을 입양했다.
彼女は保護犬の里親になった。

그는 개에게 정해진 시간에 밥을 준다.
彼は犬に決まった時間にご飯をあげる。

그녀는 개에게 줄 간식을 직접 만든다.
彼女は犬にあげるおやつを自分で作る。

나는 오늘 고양이를 동물병원에 데리고 갔다.
私は今日、猫を動物病院に連れて行った。

개를 산책시킬 때는 반드시 목줄을 해야 한다.
犬を散歩させる時は、必ず首輪を付けなければならない。

개에게 사회화
훈련을 시키다
犬に社会化
トレーニングを
させる

개/고양이
양치질을 하다
犬 / 猫の
歯磨きをする

개에게 입마개를
씌우다
犬に口輪を
付ける

개가 입마개를
하고 있다
犬が口輪を
付けている

개의 대변을
처리하다
犬のフンを
処理する

강아지에게
대소변 가리는
훈련을 시키다
子犬に
トイレ
トレーニングを
させる

개/고양이를
목욕시키다
犬 / 猫を
お風呂に入れる

개/고양이
미용을 하다
犬 / 猫の
トリミングを
する

캣타워를 조립하다/만들다
キャットタワーを
組み立てる / 作る

고양이의 숨숨집을
사다 / 만들다
猫の隠れ家を
買う / 作る

고양이 화장실을
청소하다
猫トイレを
掃除する

고양이 화장실
모래를 갈다
猫トイレの
猫砂を
交換する

반려동물의 장례식을
치러 주다
ペットの
葬式をする

반려동물을
안락사시키다
ペットを
安楽死させる

SENTENCES TO USE

맹견을 산책시킬 때는 개에게 입마개를 씌워야 한다.
猛犬を散歩させる時は、犬に口輪を付けなければならない。

산책시킨 후에 개를 목욕시켰다.
散歩させてから、犬をお風呂に入れた。

나는 DIY로 캣타워를 만들어 봤다.
私はDIYでキャットタワーを作ってみた。

그녀는 고양이 화장실 모래를 일주일에 한 번 간다.
彼女は猫トイレの猫砂を週に一回交換する。

6

스마트폰, 인터넷, 소셜 미디어

スマートフォン、インターネット、SNS

전화, 스마트폰

MP3 072

전화를 걸다
電話をかける

전화를 받다
電話に出る

통화하다
通話する

영상통화를 하다
ビデオ通話をする

문자를 보내다
メッセージを送る

사진/동영상을 보내다
写真 / 動画を送る

메신저로 대화하다
メッセンジャーで
チャットする

화면 잠금을 설정하다
画面ロックを
設定する

화면 잠금을 해제하다
画面ロックを
解除する

화면을 밀어서 화면 잠금을 해제하다
画面をスワイプして
画面ロックを解除する

SENTENCES TO USE

나는 설거지를 하고 있느라 전화를 받지 못했다.
私は食器洗いをしていたので、電話に出られなかった。

나는 해외 유학 중인 남친과 매일 영상통화를 하고 있다.
私は海外留学中の彼氏と毎日ビデオ通話をしている。

운전 중에 스마트폰으로 문자를 보내는 건 위험하다.
運転中にスマホでメッセージを送るのは危険だ。

통화보다 메신저로 대화하는 편이 편하다는 사람도 있다.
通話よりメッセンジャーでチャットする方が楽だという人もいる。

비밀번호/패턴을 입력하여 스마트폰의 잠금을 풀다

パスワード / パターンを入力して
スマホのロックを解除する

지문 인식으로 스마트폰의 잠금을 풀다

指紋認識でスマホの
ロックを解除する

스마트폰으로 인터넷에 접속하다

スマホでインターネットに
接続する

스마트폰으로 인터넷을 이용하다

スマホでインターネットを
利用する

앱을 사용하다

アプリを使う

앱을 검색하다

アプリを検索する

앱을 다운로드하다

アプリを
ダウンロードする

앱을 깔다[설치하다]

アプリを
インストールする

앱을 업데이트하다

アプリを
アップデートする

앱을 삭제하다

アプリを
削除する

SENTENCES TO USE

나는 패턴을 입력해서 스마트폰의 잠금을 푼다.
私はパターンを入力して、スマホのロックを解除する。

요즘은 대부분의 사람이 스마트폰으로 인터넷에 접속한다.
最近は、ほとんどの人がスマホでインターネットに接続する。

나는 스케줄을 관리하는 앱을 사용하고 있다.
私はスケジュールを管理するアプリを使っている。

그녀는 지역 도서관 앱을 다운로드하여 설치했다.
彼女は地元の図書館のアプリをダウンロードして、インストールした。

모바일 뱅킹을 하다

モバイル
バンキングをする

스마트폰을 TV에 미러링하다
(스마트폰 화면을 TV로 보다)

スマホをテレビに
ミラーリングする

스마트폰의 배경화면을 바꾸다

スマホのホーム
画面を変える

스마트폰의 설정을 바꾸다

スマホの設定を変更する

스마트폰을 진동 모드/무음으로 바꾸다

スマホをマナーモード /
ミュートに切り替える

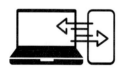

스마트폰을 PC와 동기화하다

スマホをパソコンと
同期する

와이파이존을 검색하다

Wi-Fiスポットを
検索する

스마트폰을 충전하다

スマホを充電する

스마트폰을 고속 충전하다

スマホを急速充電する

SENTENCES TO USE

모바일 뱅킹을 이용하면 언제 어디서나 송금을 할 수 있다.

モバイルバンキングを利用すれば、いつでもどこでも送金ができる。

스마트폰을 TV에 미러링해서 TV로 유튜브를 볼 수 있다.

スマホをテレビにミラーリングして、テレビでYouTubeを見ることができる。

그녀는 스마트폰 배경화면을 매일 바꾼다.　　　彼女はスマホのホーム画面を毎日変える。

그는 와이파이존을 검색해서 무료 와이파이에 접속했다.

彼はWi-Fiスポットを検索して、無料Wi-Fiに接続した。

2 인터넷, 이메일

MP3 073

인터넷을 깔다[설치하다]
ネットワークを
セットアップする

인터넷에 접속하다
インターネットに
接続する

무선 인터넷을 이용하다
無線LANを
利用する

네트워크 연결이 끊어지다
ネットワーク
接続が切れる

웹사이트에 접속하다
ウェブサイトに
接続する

인터넷 서핑을 하다
ネットサーフィンを
する

포털 사이트에서 정보를 검색하다
ポータルサイトで情報を
検索する

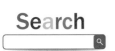

구글로 검색하다
グーグルで
検索する

웹사이트에 가입하다
ウェブサイトに
登録する

웹사이트에서 탈퇴하다
ウェブサイトから退会する

SENTENCES TO USE

인터넷에 접속할 수 없을 때는 어떻게 하면 됩니까?

インターネットに接続できない時は、どうすればいいですか。

인터넷을 하고 있을 때 가끔 네트워크 연결이 끊어진다.

インターネットをしている時、たまにネットワーク接続が切れる。

그녀는 한가할 때 인터넷 서핑을 한다.　　彼女は暇な時、ネットサーフィンをする。

그는 포털 사이트에서 정보나 뉴스를 검색한다.　　彼はポータルサイトで情報やニュースを検索する。

웹사이트에 로그인하다
ウェブサイトに
ログインする

웹사이트에서 로그아웃하다
ウェブサイトから
ログアウトする

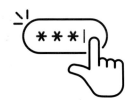

ID와 비밀번호를 입력하다
ＩＤ<ruby>とパスワードを<rt>アイディー</rt></ruby>
<ruby>入力<rt>にゅうりょく</rt></ruby>する

웹사이트를 즐겨찾기에 추가하다
ウェブサイトを
<ruby>お気<rt>き い</rt></ruby>に入りに<ruby>追加<rt>ついか</rt></ruby>する

인터넷/온라인 쇼핑을 하다
ネット / オンライン
ショッピングをする

인터넷 뱅킹을 사용하다
インターネット
バンキングを<ruby>利用<rt>りよう</rt></ruby>する

인터넷 게임을 하다
オンライン
ゲームをする

웹사이트를 해킹하다
ウェブサイトを
ハッキングする

파일을 공유하다
ファイルを
<ruby>共有<rt>きょうゆう</rt></ruby>する

복사하다
コピーする

붙여 넣다
<ruby>貼<rt>は</rt></ruby>り<ruby>付<rt>つ</rt></ruby>ける

SENTENCES TO USE

비밀번호를 잊어버려서 그 웹사이트에 로그인하지 못했다.
パスワードを<ruby>忘<rt>わす</rt></ruby>れてしまって、そのウェブサイトにログインできなかった。

나는 그 웹사이트를 즐겨찾기에 추가해 두었다.
<ruby>私<rt>わたし</rt></ruby>はそのウェブサイトを<ruby>お気<rt>き い</rt></ruby>に入りに<ruby>追加<rt>ついか</rt></ruby>しておいた。

그는 주말이나 휴일에는 새벽까지 인터넷 게임을 한다.
<ruby>彼<rt>かれ</rt></ruby>は<ruby>週末<rt>しゅうまつ</rt></ruby>や<ruby>休日<rt>きゅうじつ</rt></ruby>には、<ruby>明<rt>あ</rt></ruby>け<ruby>方<rt>がた</rt></ruby>までオンラインゲームをする。

중학생이 그 신문사의 웹사이트를 해킹했다.
<ruby>中学生<rt>ちゅうがくせい</rt></ruby>がその<ruby>新聞社<rt>しんぶんしゃ</rt></ruby>のウェブサイトをハッキングした。

이메일 계정을 만들다
メールアカウントを作る

회사에서 이메일 계정을 받다
会社のメールアドレスを取得する

이메일 계정에 로그인하다
メールアカウントに
ログインする

이메일 계정에서 로그아웃하다
メールアカウントから
ログアウトする

이메일을 쓰다
メールを
書く

이메일을 보내다
メールを送る

이메일을 자신에게 보내다
メールを自分に送る

이메일에
파일을 첨부하다
メールに
ファイルを添付する

이메일에 답장하다
メールに
返信する

이메일을 받다
メールを
受け取る
[もらう]

이메일을 전달하다
メールを
転送する

참조로 이메일을 보내다
ＣＣでメールを送る

숨은 참조로 이메일을 보내다
ＢＣＣでメールを送る

SENTENCES TO USE

업무 외에는 이메일을 쓰는 일이 별로 없다.
仕事以外には、メールを書くことがあまりない。

그녀는 이메일에 파일을 첨부하여 보냈다.
彼女はメールにファイルを添付して送った。

이메일을 받으면, 바로 답장합니다.
メールを受け取ったら、すぐ返信します。

그 이메일을 팀장에게 전달했다.
そのメールをチーム長に転送した。

참조로 이메일을 보낼 때는 내용을 제대로 확인해야 합니다.
ＣＣでメールを送る時は、内容をちゃんと確認しないといけません。

이메일을 임시 저장하다
メールを一時保存する

이메일을 미리 보기하다
メールをプレビューする

이메일을 백업하다
メールを
バックアップする

이메일을 삭제하다
メールを
削除する

스팸메일을 영구 삭제하다
迷惑メール[スパムメール]を
完全に削除する

스팸메일을 수신 거부하다
スパムメールを
受信拒否リストに追加する

휴지통을 비우다
ゴミ箱を空にする

이메일 계정 환경을 설정하다
メールアカウント環境を
設定する

이메일 계정을 삭제하다
メールアカウントを削除する

이메일 계정이 휴면 계정으로 바뀌다
メールアカウントが
休眠アカウントに変わる

SENTENCES TO USE

나는 이메일을 송신하기 전에 미리 보기를 한다.
私はメールを送信する前にプレビューをする。

이메일을 삭제해도 휴지통에 30일간 보존된다.
メールを削除しても、ゴミ箱に30日間保存される。

스팸메일을 휴지통을 거치지 않고 영구 삭제하는 방법을 가르쳐 주세요.
迷惑メールをゴミ箱を経由せず、完全に削除する方法を教えてください。

휴면 계정이 된 이메일 계정을 삭제했다.
休眠アカウントとなったメールアカウントを削除した。

3 소셜 미디어(SNS)

MP3 074

블로그를 운영하다
ブログを運営する

블로그에 게시물을 올리다
ブログに記事を投稿する

트위터/인스타그램/페이스북에 가입하다
ツイッター / インスタグラム / フェイスブックに登録する

트위터/인스타그램/페이스북 계정을 만들다
ツイッター / インスタグラム / フェイスブックのアカウントを作る

트위터/인스타그램/페이스북을 이용하다
ツイッター / インスタグラム / フェイスブックを
利用する

트윗하다
ツイートする

트위터/인스타그램/페이스북에서 팔로우하다
ツイッター / インスタグラム /
フェイスブックでフォローする

악플을 달다
悪質な書き込みをする

DM을 보내다/받다
ダイレクトメッセージ(DM)を送る / 受け取る

SENTENCES TO USE

그녀는 요리 블로그를 운영하고 있다.
彼女は料理ブログを運営している。

나는 최근에 인스타그램에 가입했다.
私は最近、インスタグラムに登録した。

나는 좋아하는 연예인을 인스타그램에서 팔로우하고 있다.
私は好きな芸能人をインスタグラムでフォローしている。

다른 사람의 SNS에 악플을 다는 사람을 이해할 수 없다.
他人のSNSに悪質な書き込みをする人が理解できない

유튜브에서 라이브 방송을 하다
YouTubeで
ライブ配信をする

유튜브 채널을 구독하다
YouTubeチャンネルを
購読する

유튜브 라이브 방송을 보다
YouTubeで
ライブ配信を見る

앞광고를 하다
インストリーム
広告をする

뒷광고를 하다
裏広告をする

광고를 건너뛰다
広告を
スキップする

조회수가 ~회를 돌파하다
総再生回数が
~回を突破する

구독자 수가 10만 명/100만 명을 넘다
購読者数が10万人/
100万人を超える

실버 버튼/골드 버튼을 받다
シルバーボタン / ゴールドボタンをもらう

실버 버튼/골드 버튼 언박싱을 하다
シルバーボタン / ゴールドボタンの
アンボクシングをする

댓글을 맨 위에 고정하다
コメントを一番上に固定する

SENTENCES TO USE

그 가수는 주 1회 유튜브에서 라이브 방송을 한다.
その歌手は週に1回、YouTubeでライブ配信をする。

나는 그 여행 작가의 유튜브 채널을 구독하고 있다.
私はその旅行作家のYouTubeチャンネルを購読している。

누군가가 고양이를 목욕시키는 영상은 조회수가 400만 회를 돌파했다.
誰かが猫をお風呂に入れる動画は、総再生回数が400万回を突破した。

그 유튜브 채널은 구독자 수가 10만 명을 넘어 실버 버튼을 받았다.
そのYouTubeチャンネルは購読者数が10万人を越え、シルバーボタンをもらった。

유튜브 영상을 1.25/1.5배속으로 보다
YouTubeの動画を
1.25 / 1.5倍速で見る

유튜브 영상을 공유하다
YouTubeの動画を共有する

유튜브 영상에 '좋아요'를 누르다
YouTubeの動画に
「いいね」を押す

유튜브 영상에 댓글을 달다
YouTubeの動画に
コメント投稿する

유튜브 영상/음악을
다운로드하다
YouTubeの動画 / 音楽を
ダウンロードする

유튜브 영상에서
음원을 추출하다
YouTubeの動画から
音声を抽出する

유튜브/트위터/인스타그램/
페이스북에서 ~를 차단하다
YouTube / ツイッター / インスタグラム /
フェイスブックから ~を遮断する

SENTENCES TO USE

30분의 유튜브 영상을 1.25배속으로 보면 몇 분 걸릴까?
30分のYouTubeの動画を1.25倍速で見ると、何分かかるんだろう。

나는 재미있는 유튜브 영상을 발견하면, 친구들과 공유한다.
私はおもしろいYouTubeの動画を見つけると、友達と共有する。

나는 유튜브 영상을 보면 '좋아요'를 누르고 댓글을 단다.
私はYouTubeの動画を見ると、いいねを押して、コメントを投稿する。

CHAPTER

7

교통 & 운전

こう つう　　　うん てん
交通&運転

버스, 지하철, 택시, 기차

MP3 075

버스/지하철/택시/기차/
고속버스를 타다
バス / 地下鉄 / タクシー /
汽車 / 高速バスに乗る

버스/지하철/택시/기차/
고속버스로 가다
バス / 地下鉄 / タクシー /
汽車 / 高速バスで行く

버스/지하철에서 내리다
バス / 地下鉄から
降りる

택시를 타다
タクシーに乗る

택시에서 내리다
タクシーから降りる

버스를 간신히 잡다
バスを
捕まえる

버스/열차를 놓치다
バス / 列車に
乗り遅れる

교통카드를 충전하다
交通カードを
チャージする

일회용 교통카드를 구입하다
一回用交通カードを
購入する

일회용 교통카드 보증금을 환급받다
一回用交通カードの
保証金を返金される

2층 버스를 타다
二階建ての
バスに乗る

SENTENCES TO USE

그녀는 택시는 타고 병원에 갔다.
彼女はタクシーに乗って、病院に行った。

버스에 탈 때 휴대전화가 울렸다.
バスに乗る時、携帯電話が鳴った。

택시에서 내리자 비가 오기 시작했다.
タクシーから降りたら、雨が降り始めた。

오늘은 교통카드를 충전해야 한다.
今日は交通カードをチャージしなければならない。

2층 버스를 타고 관광을 했다.
二階建てのバスに乗って観光をした。

버스/지하철
시간표를 확인하다
バス / 地下鉄の
時刻表を確認する

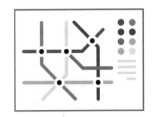

버스/지하철 노선도를 확인하다
バス / 地下鉄の路線図を確認する

내릴 버스 정류장/지하철역을 확인하다
降りるバス停 / 地下鉄の駅を確認する

역의 개찰구를 통과하다
駅の改札口を通る

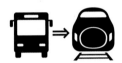

(A에서 B로) 환승하다
(AからBに)
乗り換える

버스/지하철에서 자리를 잡다
バス / 地下鉄で
席を取る

자리를 양보하다
席を譲る

교통약자석에 앉다
優先席に座る

임산부 배려석에 앉다
妊婦優先席に
座る

버스에서 하차
버튼을 누르다
バスで降車
ボタンを押す

지하철/버스/택시에
물건을 두고 내리다
地下鉄 / バス / タクシーに
忘れ物をする

내릴 정류장을
지나치다
降りる
停留所を
乗り過ごす

SENTENCES TO USE

지하철 시간표는 미리 확인하는 게 좋다.
地下鉄の時刻表は事前に確認した方がいい。

여기 오려면 버스에서 지하철로 갈아타야 한다.
ここに来るためには、バスから地下鉄に乗り換えなければならない。

그 소년은 할머니에게 자리를 양보했다.
その少年はおばあさんに席を譲った。

택시에 물건을 두고 내려서, 택시 회사에 연락했다.
タクシーに忘れ物をしたので、タクシー会社に連絡した。

택시를 호출하다
タクシーを呼ぶ

우버 택시를 부르다
ウーバータクシーを呼ぶ

앱으로 택시를 호출하다
アプリで
タクシーを呼ぶ

택시를 잡다
タクシーを拾う

기사에게 행선지를 말하다
運転手に行き先を告げる

신용카드/현금으로
택시 요금을 지불하다
クレジットカード / 現金で
タクシー料金を支払う

영수증을 받다
領収書をもらう

거스름돈을 받다
お釣りをもらう

택시 기사가 미터기를 누르다
タクシーの運転手がメーターを押す

택시 기사가 미터기를 끄다
タクシーの運転手がメーターを切る

야간 할증료를 내다
深夜割増料金を
支払う

(택시 기사가)
승차를 거부하다
乗車拒否をする

SENTENCES TO USE

요즘은 앱으로 택시를 호출할 수 있다.
最近はアプリでタクシーを呼ぶことができる。

이 근처에서 택시는 잡는 건 힘들다.
この辺でタクシーを拾うのは大変だ。

나는 피곤해서, 택시 기사에게 행선지를 말한 후에 눈을 감았다.
私は疲れたので、タクシーの運転手に行き先を告げた後に目を閉じた。

택시비는 신용카드로 지불했다.
タクシー代はクレジットカードで支払った。

택시 기사는 승차를 거부할 수 없다.
タクシーの運転手は乗車拒否をすることはできない。

고속버스 표를 끊다[사다]/예매하다
高速バスの切符を買う /
予約する

ご希望の
座席を指定

열차표를 끊다[사다]/예매하다
列車の切符を買う / 予約する

열차/고속버스의 좌석을 선택하다
列車 / 高速バスの座席を
指定する

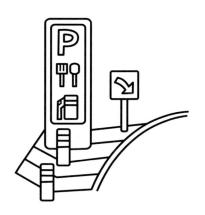

고속도로 휴게소에 들르다
高速道路の
サービスエリアに立ち寄る

자전거/오토바이/전동 킥보드를 타다
自転車 / バイク /
電動キックボードに乗る

SENTENCES TO USE

나는 항상 열차표를 인터넷으로 예매한다.
私はいつも列車の切符をインターネットで予約する。

나는 고속버스 표를 예매할 때 좌석을 선택한다.
私は高速バスの切符を予約する時、座席を指定する。

그는 출장 중에 고속도로 휴게소에 들러서 점심을 먹었다.
彼は出張中に高速道路のサービスエリアに立ち寄って、昼食を食べた。

요즘 전동 킥보드를 타고 있는 사람을 자주 본다.
最近、電動キックボードに乗っている人をよく見かける。

비행기/배를 타다
飛行機 / 船に乗る

비행기/배로 가다
飛行機 / 船で行く

항공권을 예매하다
航空券を予約する

공항에서 체크인하다
空港で
チェックインする

짐을 부치다
手荷物を預ける

금속 탐지기를 통과하다
金属探知機を
通過する

출국 수속을 하다
出国手続きをする

비행기에 탑승하다
飛行機に
搭乗する

비행기 탑승교를 지나다
飛行機の搭乗橋
[ボーディングブリッジ]を通る

비행기 트랩을 오르다/내리다
飛行機のタラップを
上る / 降りる

SENTENCES TO USE

나는 배를 타고 제주도에 간 적이 있다.
私は船に乗って済州島に行ったことがある。

도쿄발 뉴욕행 항공권을 예매했다.
東京発ニューヨーク行きの航空券を予約した。

국제선이라면 비행기 출발 2시간 전에 공항에서 체크인하는 게 좋다.
国際線なら、飛行機の出発の2時間前に空港でチェックインした方がいい。

나는 공항에서 수속을 하고 있을 때, 연예인을 봤다.
私は空港で出国手続きをしている時、芸能人を見た。

짐을 좌석 위 짐칸에서 내리다
手荷物を
頭上荷物棚から
取り出す

지정된 좌석에 앉다
指定された
座席に座る

짐을 좌석 위 짐칸에 넣다
手荷物を頭上荷物棚に収納する

음료 서비스를 받다
飲み物のサービスを
受ける

기내식을 먹다
機内食を食べる

승무원을 부르다
乗務員を呼ぶ

비행기를 갈아타다
飛行機を
乗り換える

페리를 예약하다
フェリーを
予約する

매표소에서
페리 표를 구매하다
切符売り場で
フェリーの切符を買う

개찰구에서 승선권과
신분증을 보여 주다
改札口で乗船券と
身分証明書を見せる

자동차를 카페리에 싣다
車をカーフェリーに
乗せる

SENTENCES TO USE

비행기에 타면 지정된 좌석에 앉아 주세요.
飛行機に乗ったら、指定された座席に座ってください。

나는 기내식 먹는 걸 좋아한다.
私は機内食を食べるのが好きだ。

런던에서 비행기를 갈아타고, 레이캬비크까지 갔다.
ロンドンで飛行機を乗り換えて、レイキャビクまで行った。

우리는 그 섬으로 가는 페리를 예약했다.
私たちはその島に行くフェリーを予約した。

나는 개찰구에서 승선권과 신분증을 보여 준 다음 배에 탔다.
私は改札口で乗船券と身分証明書を見せてから船に乗った。

MP3 077

운전을 배우다
運転を習う

운전 연수를 받다
運転研修を
受ける

운전면허증을
따다[취득하다]
運転免許証を
取得する

운전면허증을
갱신하다
運転免許証を
更新する

자동차/트럭/
승합차를 운전하다
自動車 / トラック /
ワゴン車を運転する

안전띠를 매다/풀다
シートベルトを
締める / 外す

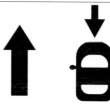

직진하다
直進する

후진하다
バックする

우회전/좌회전하다
右折 / 左折する

차선을 바꾸다
車線を
変更する

U턴/P턴하다
Uターン /
Pターンする

앞으로 끼어들다
前に割り込む

사이드미러/백미러로 뒤를 보다
サイドミラー /
バックミラーで後ろを見る

SENTENCES TO USE

나는 스무 살 때 운전면허증을 땄다.
私は20歳の時に、運転免許証を取得した。

모든 좌석에서 안전띠를 매야 한다.
全ての座席でシートベルトを締めなければならない。

초보 운전자가 차선을 바꾸는 것은 쉽지 않다.
運転初心者が車線を変更することは容易ではない。

내비게이션에서는 100미터 앞에서 U턴이라고 안내하고 있다.
カーナビでは100メートル先でUターンだと案内している。

직진 차선의 차가 좌회전 차선으로 끼어들었다.
直進レーンの車が左折レーンに割り込んだ。

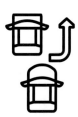
추월하다
追い越す

안전거리를 유지하다
車間距離を
空ける

제한 속도를 지키다
制限速度を
守る

속도를 내다
速度を上げる,
スピードを出す

속도를 늦추다
速度を
下げる

제동을 걸다, 브레이크를 밟다
ブレーキをかける

방향 지시등을 켜다
ウインカーをつける

비상등을 켜다
ハザードランプを
つける

경적을 울리다
クラクションを
鳴らす

주행 차선/추월 차선을 달리다
走行車線 /
追い越し車線を走る

갓길로 달리다
路肩を走る

갓길에 정차하다
路肩に停車する

SENTENCES TO USE

고속도로에서는 안전거리를 유지하고 제한 속도를 지켜야 한다.
高速道路では車間距離を空けて、制限速度を守らなければならない。

앞 차가 급정지해서, 나는 급브레이크를 밟았다.
前の車が急停止したので、私は急ブレーキをかけた。

우회전이나 좌회전을 하기 전에는 방향지시등을 켜야 한다.
右折や左折をする前にはウインカーをつけなければならない。

갓길에 정차하는 것은 위험하다.
路肩に停車するのは危険だ。

주차하다
駐車する

태우다
乗せる

내려 주다
降ろす

안전 운전을 하다
安全運転をする

교통 법규를 준수하다/위반하다
交通ルールを守る /
違反する

교통 신호를 지키다
交通信号を
守る

신호를 위반하다
信号無視する

과속하다
スピードを出し過ぎる

속도위반으로 딱지를 떼다
スピード違反で違反キップを切られる

SENTENCES TO USE

아이를 차에 태울 때는 카시트에 앉힌다.
子供を車に乗せる時は、チャイルドシートに座らせる。

운전을 할 때는 교통 법규를 준수해야 한다.
運転する時は、交通ルールを守らなければならない。

운전자가 신호를 위반하는 바람에 사고를 냈다.
運転手が信号無視したせいで、事故を起こした。

그녀는 어제도 속도 위반으로 딱지를 뗐다.
彼女は昨日も、スピード違反で違反キップを切られた。

졸음운전을 하다
居眠り運転をする

졸음운전
居眠り運転

휴게소에서 잠깐 자다
サービスエリアで仮眠する

견인차로 실려 가다
レッカー車で運ばれる

블랙박스 영상을 확인하다
ドライブレコーダーの
映像を確認する

SENTENCES TO USE

수면 부족은 졸음운전의 큰 원인이 된다.
睡眠不足は居眠り運転の大きな原因となる。

운전 중 졸려서 휴게소에서 잠깐 잤다.
運転中に眠くなって、サービスエリアで仮眠した。

자동차 시동이 걸리지 않아서 견인차로 실려 갔다.
車のエンジンがかからなかったので、レッカー車で運ばれた。

자동차 사고가 발생해서 우리는 블랙박스 영상을 확인했다.
自動車事故が発生して、私たちはドライブレコーダーの映像を確認した。

음주 운전을 하다
飲酒運転をする

음주 단속에 걸리다
飲酒検問に引っかかる

음주 측정기를 불다
アルコール検知器を吹く

음주 측정을 거부하다
呼気検査を拒否する

음주 운전으로 체포되다
飲酒運転で逮捕される

면허가 정지되다
免許停止[免停]になる

면허가 취소되다
免許取り消し[免取]になる

SENTENCES TO USE

음주 운전은 어떤 일이 있어도 절대로 하면 안 된다.
飲酒運転はどんなことがあっても絶対にしてはいけない。

음주 측정기를 불어 본 적이 있습니까?
アルコール検知器を吹いてみたことがありますか。

그는 음주 운전으로 면허가 취소되어 버렸다.
彼は飲酒運転で免許取り消しになってしまった。

교통사고가 나다
交通事故が起こる

사고 위치를 표시하다
事故の位置を表示する

접촉사고를 내다
接触事故を起こす

(차가) 고장나다
(車が) 故障する

차 타이어가 펑크 나다
車のタイヤがパンクする

보험사에 연락하다
保険会社に連絡する

SENTENCES TO USE

그녀는 야구 경기를 보러 가는 도중에 접촉사고를 냈다.
彼女は野球の試合を見に行く途中で、接触事故を起こした。

주차장에서 출발하려고 했을 때, 차 타이어가 펑크 났다는 걸 알았다.
駐車場から出発しようとした時に、車のタイヤがパンクしたことがわかった。

교통사고가 나면 보험사에 연락해야 한다.
交通事故が起こったら、保険会社に連絡しなければならない。

차량 관리(주유, 세차, 정비)

MP3 078

주유하다
給油_{きゅうゆ}する

셀프 주유하다
セルフで給油する

차에 휘발유를 가득 채우다
車のガソリンを満タンにする

주유구를 열다
給油口を開ける

세차하다
洗車する

자동 세차를 하다
自動洗車機で洗車をする

손 세차를 하다
手洗い洗車をする

차를 점검하다
車を点検する

고장난 차를 고치다
故障した車を
修理する

폐차하다
廃車にする

SENTENCES TO USE

주유할 때는 먼저 주유구를 열어 주세요.
給油する時は、まず給油口を開けてください。

나는 여행을 떠나기 전에 차에 휘발유를 가득 채웠다.
私は旅立つ前に、車のガソリンを満タンにした。

나는 주유 후에 자동 세차를 한다.
私は給油後に、自動洗車機で洗車をする。

그는 차를 직접 손 세차한다.
彼は車を自分で手洗い洗車をする。

그녀는 차가 고장나서 정비소에 고치러 갔다.
彼女は車が故障したので、整備工場に修理に行った。

엔진/브레이크 오일을
점검/교환하다

エンジン / ブレーキ
オイルを点検 / 交換する

워셔액을 보충하다

ウォッシャー液を
補充する

냉각수를
보충/교체하다

冷却水を補充 /
交換する

에어 필터를 교환하다

エアフィルターを
交換する

타이어를 점검하다/교환하다

タイヤを点検 /
交換する

휠 얼라인먼트를 받다

ホイールアライメントを
調整する

와이퍼를 교환하다

ワイパーを交換する

차 에어컨을 점검하다

カーエアコンを
点検する

선팅을 하다

スモークフィルムを
貼る

차량용 청소기로
차 내부를 청소하다

車用掃除機で
車内を掃除する

차 매트를 청소하다

車のマットを
掃除する

SENTENCES TO USE

엔진오일은 1만 킬로미터마다 교환하는 게 좋다.

エンジンオイルは1万キロごとに交換した方がいい。

나는 직접 워셔액을 보충할 수 있다.

私は自分でウォッシャー液を補充することができる。

엔진오일을 교환할 때마다 타이어도 점검받는다.

エンジンオイルを交換するたびに、タイヤも点検してもらう。

차 에어컨은 정기적으로 점검해 주세요.

カーエアコンは定期的に点検してください。

그는 가끔 차량용 청소기로 차 내부를 청소한다.

彼は時々車用掃除機で車内を掃除する。

CHAPTER

8

사회 & 정치

社会 & 政治

しゃ かい　　　せい じ

사고, 재해

MP3 **079**

교통사고가 나다
こうつう じ こ お
交通事故が起こる

접촉사고가 나다
せっしょく じ こ お
接触事故が起こる

차에 치이다
くるま
車にひかれる

열차가 탈선하다
れっしゃ だっせん
列車が脱線する

비행기가 추락하다
ひ こう き ついらく
飛行機が墜落する

배가 침몰하다
ふね ちんぼつ
船が沈没する

지하철에서 화재가 발생하다
ち か てつ か さい
地下鉄で火災が
はっせい
発生する

화재가 발생하다
か さい はっせい
火災が発生する

건물이 붕괴되다
たてもの ほうかい
建物が崩壊する

무너진 건물에 갇히다
ほうかい たてもの
崩壊した建物に
と こ
閉じ込められる

폭발 사고가 일어나다
ばくはつ じ こ お
爆発事故が起こる

가스 폭발 사고
ガス爆発事故

SENTENCES TO USE

오늘 퇴근길에 가벼운 접촉사고가 났다.

きょう し ごとがえ かる せっしょく じ こ お
今日、仕事帰りに軽い接触事故が起こった。

횡단보도 보행 중에 차에 치여서 다쳤다.

おうだん ほ どう ほ こうちゅう くるま け が
横断歩道を歩行中に、車にひかれて怪我をした。

특급 열차가 탈선해서 많은 사람이 사망했다.

とっきゅうれっしゃ だっせん おお ひと し ぼう
特急列車が脱線して多くの人が死亡した。

건물이 붕괴되면서 버스를 덮쳤다.

たてもの ほうかい おそ
建物が崩壊して、バスを襲った。

지진으로 붕괴된 건물 안에 6명이 갇혀 있다.

じ しん ほうかい たてもの なか ろくにん と こ
地震で崩壊した建物の中に６人が閉じ込められている。

화상을 입다　1도/2도/3도 화상을 입다

やけどをする　１度/２度/３度の
やけどをする

전신 화상을 입다

全身やけどを
する

助けて～～～～

물에 빠지다

溺れる

익사하다

溺死する

공사 현장에서 추락하다

工事現場で墜落する

아파트 베란다/건물 옥상에서 추락하다

アパートのベランダ /
建物の屋上から墜落する

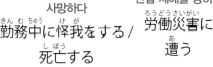

근무 중에 다치다/
사망하다

勤務中に怪我をする /
死亡する

산업 재해를 당하다

労働災害に
遭う

과로사하다

過労死する

외상후스트레스증후군
(PTSD)에 시달리다

心的外傷後ストレス障害
(PTSD)に悩まされる

의료 사고가 발생하다

医療事故が
発生する

구급차를 부르다

救急車を呼ぶ

응급실에 실려 가다

救命救急
センターに運ばれる

SENTENCES TO USE

나는 어렸을 때 끓는 물에 화상을 입은 적이 있다.
私は子供の頃、沸騰したお湯でやけどをしたことがある。

스마트폰을 보며 걷던 여성이 강물에 빠져 익사한 사고가 일어났다.
歩きスマホをしていた女性が川に落ちて、溺死した事故が起きた。

그는 요즘 일에 피곤해서인지, 과로사하는 꿈을 자주 꾼다고 한다.
彼は最近、仕事に疲れていたせいか、過労死する夢をよく見るそうだ。

사람이 쓰러졌어요. 구급차를 불러 주세요.
人が倒れていますよ。救急車を呼んでください。

자연 재해가 발생하다
自然災害が発生する

자연 재해를 입다
自然災害に見舞われる

홍수로 피해를 입다
洪水で被害を受ける

폭우 피해를 입다
大雨の被害を受ける

폭우로 마을이 물에 잠기다
豪雨で町が水没する

태풍으로 피해를 입다
台風で被害を受ける

태풍으로 차가 전도되다
台風で車が横転する

태풍으로 집이 파손되다
台風で家が壊れる

폭염으로 고생하다
猛暑に苦しむ

폭염으로 인한 피해를 입다
猛暑による
被害を受ける

한파로 고생하다
寒波に苦しむ

한파로 인한 피해를 입다
寒波による被害を
受ける

폭설로 피해를 입다
大雪で被害を受ける

폭설로 집 지붕이 붕괴되다
大雪で家の屋根が崩壊する

눈사태/산사태로 피해를 입다
雪崩/土砂崩れの被害を受ける

산사태로 사람이 생매장되다
土砂崩れで人が生き埋めになる

가뭄으로 고생하다
干ばつで苦しむ

가뭄으로 인한 피해를 입다
干ばつによる被害を受ける

산불이 발생하다
山火事が発生する

산불로 피해를 입다
山火事で被害を受ける

지진으로 피해를 입다
地震で被害を受ける

지진 해일로 인한 피해를 입다
津波による被害を受ける

화산 폭발로 피해를 입다
火山噴火で被害を受ける

지진으로 건물이 붕괴되다
地震で建物が崩れる

PM₂.₅

황사/미세먼지로 고생하다
黄砂 / PM2.5
[微細ホコリ]に苦しむ

황사/미세먼지로 피해를 입다
黄砂 / PM2.5
[微細ホコリ]による
被害を受ける

싱크홀이 발생하다
シンクホールが発生する

싱크홀로 인해 피해를 입다
シンクホールよる被害を受ける

SENTENCES TO USE

그 마을은 이번 폭우로 큰 피해를 입었다.
その村は今回の大雨で大きな被害を受けた。

수많은 사람들이 그 지진으로 피해를 입었다.
多くの人々がその地震で被害を受けた。

MP3 080

범죄를 저지르다
犯罪を犯す

도망치다
逃げる

체포되다
逮捕される

훔치다
盗む

소매치기를 하다
スリをする

사기를 치다
詐欺を働く

지폐를 위조하다
お札を偽造する

불법 도박을 하다
違法賭博をする

뇌물을 주다
賄賂を渡す

횡령하다
横領する

보이스피싱으로 사기를 치다
振り込め詐欺を働く

SENTENCES TO USE

그 남자는 범죄를 저지르고 도망쳤다.
その男は犯罪を犯して逃げた。

그 상점은 계산대의 현금을 전부 도둑맞았다.
その店はレジの現金を全部盗まれた。

그 코미디언은 불법 도박을 해서, 프로그램을 하차했다.
そのコメディアンは違法賭博をして、番組を降板した。

외국 공무원에게 뇌물을 줬을 경우에는 자국에서 처벌받는다.
外国の公務員に賄賂を渡した場合には、自国で処罰される。

사이버 범죄를 저지르다
サイバー犯罪を犯す

명예를 훼손하다
名誉を傷つける

업무상 기밀을 누설하다
会社の営業秘密を漏らす

공무 집행을 방해하다
公務執行妨害になる

사문서를 위조하다
私文書を偽造する

무고하다
無実だ

표절하다
盗作する

음주 운전을 하다
飲酒運転をする

무면허 운전을 하다
無免許運転を
する

보복 운전을 하다
あおり運転を
する

뺑소니를 치다
ひき逃げを
する

SENTENCES TO USE

타인의 명예를 훼손하는 행위도 범죄입니다.
他人の名誉を傷つける行為も犯罪です。

그는 공무 집행 방해로 체포되었다.
彼は公務執行妨害で、逮捕された。

그는 자신은 무고하다고 주장하고 있다.
彼は自分は無実だと主張している。

그 베스트셀러 작가는 외국의 책을 표절했다.
そのベストセラー作家は外国の本を盗作した。

그 가수는 또 음주 운전으로 체포되었다.
その歌手はまた飲酒運転で、逮捕された。

마약을 복용하다
麻薬を服用する

마약을 밀수하다
麻薬を密輸する

폭행하다
暴行する

성범죄를 저지르다
性犯罪を犯す

성희롱[성추행]하다
セクハラをする

성폭행하다
性的暴行する

데이트 폭력을 저지르다
デートDVをする

성매매를 하다(사는 쪽)　성매매를 하다(파는 쪽)
買春をする　売春をする

도촬하다
盗撮する

스토킹하다
ストーキングする

SENTENCES TO USE

그 남자는 마약을 복용하고 밀수한 혐의로 재판에 넘겨졌다.
その男は麻薬を服用して、密輸した疑いで裁判にかけられた。

그 정치가는 성범죄를 저지른 탓에 정치가로서의 인생이 끝났다.
その政治家は性犯罪を犯したために、政治家としての人生が終わった。

회사 상사에게 성추행당한 여성이 해고당했다.
会社の上司にセクハラをされた女性が辞めさせられた。

그 남자는 여성 화장실을 도촬한 혐의로 체포됐다.
その男は女性トイレを盗撮した疑いで逮捕された。

납치하다   유괴하다
<ruby>拉致<rt>らち</rt></ruby>する   <ruby>誘拐<rt>ゆうかい</rt></ruby>する

인신매매하다
<ruby>人身取引<rt>じんしんとりひき</rt></ruby>をする

아동/노인/동물을 학대하다
<ruby>子供<rt>こども</rt></ruby> / <ruby>老人<rt>ろうじん</rt></ruby> / <ruby>動物<rt>どうぶつ</rt></ruby>を<ruby>虐待<rt>ぎゃくたい</rt></ruby>する

살해하다
<ruby>殺害<rt>さつがい</rt></ruby>する

살인 미수에 그치다
<ruby>殺人<rt>さつじん</rt></ruby><ruby>未遂<rt>みすい</rt></ruby>に<ruby>終<rt>お</rt></ruby>わる

연쇄 살인을 저지르다
<ruby>連続殺人<rt>れんぞくさつじん</rt></ruby>を<ruby>犯<rt>おか</rt></ruby>す

연쇄 살인범
<ruby>連続殺人犯<rt>れんぞくさつじんはん</rt></ruby>

사체를 유기하다
<ruby>死体<rt>したい</rt></ruby>を<ruby>遺棄<rt>いき</rt></ruby>する

방화하다, 불을 지르다
<ruby>放火<rt>ほうか</rt></ruby>する

테러를 저지르다
テロを<ruby>犯<rt>おか</rt></ruby>す

자살 폭탄 테러를 하다
<ruby>自爆<rt>じばく</rt></ruby>テロを<ruby>犯<rt>おか</rt></ruby>す

SENTENCES TO USE

교사가 자신의 제자를 유괴하는 사건이 있었다.
<ruby>教師<rt>きょうし</rt></ruby>が<ruby>自分<rt>じぶん</rt></ruby>の<ruby>教<rt>おし</rt></ruby>え<ruby>子<rt>ご</rt></ruby>を<ruby>誘拐<rt>ゆうかい</rt></ruby>する<ruby>事件<rt>じけん</rt></ruby>があった。

동물을 학대하는 사람은 사람도 학대하기 쉽다.
<ruby>動物<rt>どうぶつ</rt></ruby>を<ruby>虐待<rt>ぎゃくたい</rt></ruby>する<ruby>人<rt>ひと</rt></ruby>は、<ruby>人<rt>ひと</rt></ruby>も<ruby>虐待<rt>ぎゃくたい</rt></ruby>しやすい。

그 남자는 5년 동안 10명을 살해한 연쇄 살인범이다.
その<ruby>男<rt>おとこ</rt></ruby>は、5<ruby>年間<rt>ねんかん</rt></ruby>で10<ruby>人<rt>じゅうにん</rt></ruby>を<ruby>殺人<rt>さつじん</rt></ruby>した<ruby>連続殺人犯<rt>れんぞくさつじんはん</rt></ruby>だ。

술 취한 사람이 한밤중에 자신의 차에 불을 질렀다.
<ruby>酔<rt>よ</rt></ruby>っ<ruby>払<rt>ばら</rt></ruby>いが<ruby>真夜中<rt>まよなか</rt></ruby>に<ruby>自分<rt>じぶん</rt></ruby>の<ruby>車<rt>くるま</rt></ruby>に<ruby>放火<rt>ほうか</rt></ruby>した。

그 테러리스트는 자살 폭탄 테러를 저질렀다.
そのテロリストは<ruby>自爆<rt>じばく</rt></ruby>テロを<ruby>犯<rt>おか</rt></ruby>した。

법을 지키다
法律を守る

법을 어기다
法律を犯す

고소하다, 고발하다
訴える

기소하다
起訴する

민사/형사 소송을 제기하다
民事 / 刑事訴訟を起こす

이혼 소송을 제기하다
離婚訴訟を起こす

재판하다
裁判する, 裁く

변론하다
弁論する

증언하다
証言する

검사가 구형하다
検察官が求刑する

판결을 내리다
判決を下す

유죄 판결/무죄 판결을 받다
有罪判決 / 無罪判決を受ける

SENTENCES TO USE

법은 지켜야 한다.
法律は守らなければならない。

그 가수는 악플을 단 사람을 고소했다.
その歌手は悪質な書き込みをした人を訴えた。

그 여성은 남편에게 이혼 소송을 제기했다.
その女性は夫に離婚訴訟を起こした。

검사는 피고에게 징역 7년을 구형했다.
検察官は被告に懲役７年を求刑した。

그는 1심에서 무죄 판결을 받았다.
彼は一審で無罪判決を受けた。

판결을 선고하다

判決を言い渡す

징역형/무기징역/사형을 선고받다
懲役刑 / 無期懲役 / 死刑を
言い渡される

집행유예를 선고받다
執行猶予を言い渡される

벌금형을 받다
罰金刑を受ける

교도소에 수감되다

刑務所に
収監される

구치소에 수용되다
拘置所に
収容される

복역하다
服役する

독방에 수감되다

独房に
収監される

출소하다
出所する

보석을 신청하다
保釈を請求する

보석금을 내고 석방되다
保釈金を払って釈放される

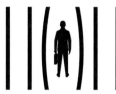

감형되다
減刑される

가석방되다
仮釈放される

사면받다
赦免される

상소하다
上訴する

항소하다
控訴する

SENTENCES TO USE

재판소는 자신의 딸을 방치하여 숨지게 한 여성에게 징역 20년의 판결을 선고했다.
裁判所は自分の娘を放置して死亡させた女性に懲役20年の判決を言い渡した。

그는 음주 운전으로 벌금형을 받았다.
彼は飲酒運転で罰金刑を受けた。

형을 끝내고 출소한 남자가 또 범죄를 저질렀다.
刑を終えて出所した男がまた犯罪を犯した。

그녀는 유죄 판결을 받았지만 곧바로 항소했다.
彼女は有罪判決を受けたが、直ちに控訴した。

투표하다
投票する

선거로 뽑다
選挙で選ぶ

선거를 실시하다
選挙を実施する

대통령 선거를 실시하다
大統領選挙を実施する

국회의원 선거를 실시하다
国会議員選挙を実施する

지자체장 선거를 실시하다
地方自治体選挙を
実施する

재선거/보궐 선거를 실시하다
再選挙 / 補欠選挙を
実施する

사전 투표를 하다
期日前投票をする

투표를 기권하다
投票を棄権する

~후보에게 투표하다
~候補に投票する

투표용지에 기표하다
投票用紙に記入する

투표용지를 투표함에 넣다
投票用紙を
投票箱に入れる

투표 인증 사진을 찍다
投票の認証
ショットを撮る

SENTENCES TO USE

투표하는 것은 민주주의 국가 국민의 권리이자 의무다.
投票することは民主主義国の国民の権利であり義務である。

대통령 직선제에서는 국민이 대통령을 직접 선거로 뽑는다.
大統領直選制では国民が大統領を直接選挙で選ぶ。

그 나라에서는 대통령 선거는 5년마다, 국회의원 선거는 4년마다 실시된다.
その国では大統領選挙は5年ごとに、国会議員選挙は4年ごとに実施される。

나는 사전 투표를 했다.
私は期日前投票をした。

選挙

대통령 선거에 출마하다
大統領選挙に出馬する

국회의원 선거에 출마하다
国会議員選挙に出馬する

후보자 등록을 하다
候補者登録をする

재선 불출마를 표명하다
再選不出馬を
表明する

후보자를 지지하다
候補者を
支持する

선거 운동을 하다
選挙運動をする

여론 조사를 하다
世論調査を
実施する

여론 조사에 응하다
世論調査に応じる

개표하다
開票する

선거 결과를 발표하다
選挙の結果を
発表する

선거에서 이기다/지다
選挙で勝つ/
負ける

당선증을 받다
当選証書を
受け取る

SENTENCES TO USE

그 배우는 국회의원 선거에 출마한 적이 있다.
その俳優は国会議員選挙に出馬したことがある。

그 국회의원은 재선 불출마를 표명했다.
その国会議員は再選不出馬を表明した。

공무원이나 교육자는 선거운동을 하는 것이 금지되어 왔다.
公務員や教育者は、選挙運動をすることが禁止されている。

나는 오늘 이번 대통령 선거에 관한 여론조사에 응했다.
私は今日、今回の大統領選挙に関する世論調査に応じた。

MP3 **083**

종교를 믿다
^{しゅうきょう} ^{しん}
宗教を信じる

성당/교회/절에 다니다
^{せいどう} ^{きょうかい} ^{てら} ^{かよ}
聖堂 / 教会 / お寺に通う

개종하다
^{かいしゅう}
改宗する

천주교

미사를 드리다
ミサに
^{さんれつ}
参列する

온라인으로 미사를 드리다
^{さんれつ}
オンラインミサに参列する

기도하다
^{いの}
祈る

묵주 기도를 드리다
^{いの}
ロザリオの祈りをする

강론을 듣다
^{こうろん} ^き
講論を聞く

성호를 긋다
^{じゅう じ} ^き
十字を切る

SENTENCES TO USE

우리 가족은 매주 일요일에 교회에 다니고 있다.
^{わたし} ^{か ぞく} ^{まいしゅうにちよう び} ^{きょうかい} ^{かよ}
私たち家族は毎週日曜日に教会に通っている。

그녀는 남편의 종교인 개신교로 개종했다.
^{かのじょ} ^{おっと} ^{しゅうきょう} ^{かいしゅう}
彼女は夫の宗教であるプロテスタントに改宗した。

그는 매주 일요일에 미사를 드린다.
^{かれ} ^{まいしゅうにちよう び} ^{さんれつ}
彼は毎週日曜日にミサに参列する。

나는 매일 밤에 자기 전에 신에게 기도한다.
^{わたし} ^{まいにち} ^{よる ね} ^{まえ} ^{かみさま} ^{いの}
私は毎日、夜寝る前に神様に祈る。

그녀는 식사 전에 항상 성호를 긋다.
^{かのじょ} ^{しょくじ} ^{まえ} ^{じゅうじ} ^き
彼女は食事の前に、いつも十字を切る。

미사포를 쓰다

ミサベールを被る

세례명을 정하다

洗礼名を決める

세례를 받다

洗礼を受ける

고해성사를 하다

告解をする

영성체를 하다

聖体拝領をする

대부/대모가 되다

代父 / 代母になる

SENTENCES TO USE

여성 신도들은 성당에서 미사포를 쓴다.

女性信徒たちは聖堂でミサベールを被る。

우리 엄마는 60대에 천주교 세례를 받았다.

私の母は60代にカトリックの洗礼を受けた。

나는 매년 부활절 전에 신부님께 고해 성사를 합니다.

私は毎年、復活祭の前に神父さまに告解をします。

개신교

교회에 가다/다니다
きょうかい い かよ
教会に行く / 通う

예배에 참석하다
れいはい さんれつ
礼拝に参列する

午前6時

새벽 예배에 가다
よ あ まえ れいはい い
夜明け前の礼拝に行く

구역 예배를 보다
く いきれいはい おこな
区域礼拝を行う

가정 예배를 드리다
か ていれいはい おこな
家庭礼拝を行う

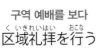

온라인으로 예배를 드리다
れいはい
オンラインで礼拝する

찬송가를 부르다
さん び か うた
賛美歌を歌う

설교를 듣다
せっきょう き
説教を聞く

헌금을 내다
けんきん だ
献金を出す

SENTENCES TO USE

나는 중학생 때 몇 개월간인가 교회에 다닌 적이 있다.
わたし ちゅうがくせい とき なん か げつかん きょうかい
私は中学生の時、何ヶ月間か教会に通ったことがある。

교회에 가지 못하는 신도는 온라인으로 예배를 드릴 수 있습니다.
きょうかい い しんと れいはい
教会に行けない信徒は、オンラインで礼拝することができます。

나는 예배 중에 찬송가 부르는 게 제일 좋다.
わたし れいはい なか さん び か うた いちばん す
私は礼拝の中で賛美歌を歌うことが一番好きだ。

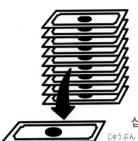

십일조를 내다
十分の一税を出す

교리 교육을 받다
教理教育を受ける

전도하다
伝道する

주일학교 선생님을 하다
日曜学校の先生をする

부흥회에 참석하다
伝道集会に出席する

성경을 읽다/필사하다
聖書を読む / 筆写する

QT 시간을 갖다
QTの時間を持つ

성경 공부를 하다
聖書の勉強をする

SENTENCES TO USE

그는 매달 십일조를 낸다.
彼は毎月、十分の一税を出す。

그녀는 몇 년 전부터 주일학교 선생님을 하고 있다.
彼女は数年前から日曜学校の先生をしている。

나는 요즘 성경을 매일 한 시간씩 필사하고 있다.
私は最近、聖書を毎日1時間ずつ筆写している。

불교

예불을 드리다
仏参する

불공드리다
供養をする

합장하다
合掌する

염주를 돌리며 기도하다
数珠を回しながら祈る

불경을 읽다
お経を読む

절을 하다
お辞儀をする

108배를 하다
108拝をする

설법을 듣다
説法を聞く

시주하다
布施する

향을 피우다,
분향하다
お香を焚く

촛불을 밝히다
ロウソクの火を
灯す

연등에 불을 밝히다
燃灯に明かりを
灯す

SENTENCES TO USE

스님이 눈을 감고 앉아 염주를 돌리며 기도하고 있다.
お坊さんが目をつぶって座り、数珠を回しながら祈っている。

불자들은 소리 내어 불경을 읽고 있다.
仏教者たちは、声を出してお経を読んでいる。

그녀는 매일 아침 108배를 한다.
彼女は毎朝、108拝をする。

나는 자기 전에 유튜브로 스님들의 설법을 듣는다.
私は寝る前に、YouTubeでお坊さんたちの説法を聞く。

6 군대

군대에 가다	입대하다
軍隊に行く <small>ぐんたい</small> <small>い</small>	入隊する <small>にゅうたい</small>

육군/해군/공군/해병대에 입대하다

陸軍 / 海軍 / 空軍 /
<small>りくぐん</small> <small>かいぐん</small> <small>くうぐん</small>
海兵隊に入隊する
<small>かいへいたい</small> <small>にゅうたい</small>

군복무하다

兵役に就く
<small>へいえき</small> <small>つ</small>

신체검사를 받다

身体検査を受ける
<small>しんたいけんさ</small> <small>う</small>

신병 훈련을 받다

新兵訓練を受ける
<small>しんぺいくんれん</small> <small>う</small>

부대에 배속되다
(자대 배치를 받다)

部隊に配属される
<small>ぶたい</small> <small>はいぞく</small>

경례하다

敬礼する
<small>けいれい</small>

군번줄을 착용하다

認識票をつける
<small>にんしきひょう</small>

군번
認識番号
<small>にんしきばんごう</small>

점호하다

点呼する
<small>てんこ</small>

SENTENCES TO USE

그들은 입대하여, 신병 훈련소에 입소했다.

彼らは入隊して、新兵訓練所に入所した。
<small>かれ</small> <small>じゅうたい</small> <small>しんぺいくんれんじょ</small> <small>にゅうしょ</small>

그 가수는 다음 달에 해병대에 입대한다.

その歌手は来月、海兵隊に入隊する。
<small>かしゅ</small> <small>らいげつ</small> <small>かいへいたい</small> <small>にゅうたい</small>

그는 18개월간 군복무하고, 제대했다.

彼は18ヶ月間の兵役に就いて、除隊した。
<small>かれ</small> <small>じゅうはちかげつかん</small> <small>へいえき</small> <small>つ</small> <small>じょたい</small>

그들은 신병 훈련소에서 신병 훈련을 받은 후에 각각의 부대에 배속되었다.

彼らは新兵訓練所で新兵訓練を受けた後に、それぞれの部隊に配属された。
<small>かれ</small> <small>しんぺいくんれんじょ</small> <small>しんぺいくんれん</small> <small>う</small> <small>あと</small> <small>ぶたい</small> <small>はいぞく</small>

행군하다
こうぐん
行軍する

구보하다
か あし
駆け足する

보초를 서다
ほ しょう た
歩哨に立つ

불침번을 서다
ふ しんばん た
不寝番に立つ

관등성명을 대다
かいきゅう しめい な の
階級と氏名を名乗る

午前12時

야간 훈련을 하다
や かんくんれん
夜間訓練をする

SENTENCES TO USE

여름에 행군하는 것은 정말 힘들다.
なつ こうぐん ほんとう たいへん
夏に行軍するのは本当に大変だ。

두 명의 병사가 탄약고 앞에서 보초를 서고 있었다.
ふたり へい し だんやくこ まえ ほしょう た
二人の兵士が弾薬庫の前で歩哨に立っていた。

그는 새벽 12시부터 3시까지 불침번을 섰다.
かれ ご ぜんじゅうじ さんじ ふしんばん た
彼は午前12時から3時まで不寝番に立った。

공군에서는 야간 비행 훈련을 한다.
くうぐん や かん ひ こうくんれん
空軍では夜間飛行訓練をする。

동계/하계 훈련을 하다
冬季 / 夏季訓練をする

유격 훈련을 하다
遊撃訓練をする

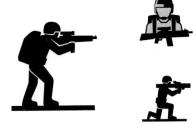

위문편지를 받다
慰問の手紙をもらう

군가를 부르다
軍歌を歌う

휴가를 나가다
休暇をもらって外出する

면회를 오다
面会に来る

부대에 복귀하다
部隊に復帰する

재난 지역에서 구호 활동을 하다
被災地で救護活動をする

군부대 위문 공연을 즐기다
軍部隊の慰問公演を楽しむ

군병원으로 후송되다
軍病院に護送される

탈영하다
軍隊から脱走する

영창에 가다
営倉に行く

제대하다
除隊する

SENTENCES TO USE

우리는 4박 5일 동안 유격 훈련을 했다.
私たちは4泊5日間、遊撃訓練をした。

지난 주말에 여자 친구가 부대로 면회를 왔다.
先週末、彼女が部隊に面会に来た。

내일은 부대에 복귀해야 한다.
明日は部隊に復帰しなければならない。

탈영한 병사는 영창에 가게 되었다.
軍隊から脱走した兵士は、営倉に行くことになった。

그는 다음 달에 제대할 예정이다.
彼は来月、除隊する予定だ。

INDEX 색인 찾아보기

한글 인덱스

ㅈ

ㅋ

ㅌ

ㅍ

기타

INDEX 색인 찾아보기

일본어 인덱스

う

え

き

け

こ

ち

つ

て

な

に

へ

ゆ

よ